写真に見る
アフリカ・西アジアの風俗文化

帝国書院

まえがき

「すべての国へ1度は行ってみたい」または「すべての世界遺産を見て回りたい」という夢を持つ人は多いと思うが，現実には「時間」「経済」「健康」などの条件を同時に確保しなければ実現できないので，上記の夢は「特に行きたい国」または「特に見たい世界遺産」に妥協せざるを得なくなる。それなら「テレビの海外取材番組を見てやろう」と思っても，自分の望む訪問先や目的に合致することは少なく，まして学習教材として役に立つ番組はさらに少なくなる。写真集を含む視覚情報の全体量は，最近は大変多くなっているが，地域による偏りが大きく，必要な地域の視覚情報は容易には得られない。視覚情報の地域による偏りは，日本人の行先別の旅行者数に密接に関連していると思われる。

日本人は毎年1800万人前後が海外旅行をしている。これは全国民の14％に当たる。ただし，1年に何回も海外旅行に出かける人が相当数含まれるので，これは延べ人数ということになる。海外旅行者のうち半分程が北アメリカ・ヨーロッパ・オセアニアの先進国に出かけ，半分弱がアジアに出かけている。アジアの中では，韓国・中国・台湾などの東アジアが圧倒的に多く，次に多い東南アジアを含めれば，アジア全体の90％以上を占めてしまう。すなわち，広いアジアの中では，日本に近い国々が多くを占め，遠い国は極端に少ない。さらにアフリカに至っては，全53ヶ国合わせても0.6％に過ぎない。これは観光客が多いエジプトを含んだ数字である。海外旅行者数が最も少ない大陸は，日本から見て地球の裏側の位置にある南アメリカで，全体の0.4％に過ぎない。このように，日本からの距離に反比例して，南アメリカ・アフリカ・西アジアへの旅行者が断然少なく，同時に市場の小ささが視覚情報の少なさに結びついていると思われる。

しかしながら，これらの地域への関心は著しく低いとはいえない。これらの地域を扱ったテレビ取材番組は話題を呼ぶことがよくあり，アンケートによる人気世界遺産として，いつも上位に名を連ねる場所は，南アメリカやアフリカにいくつもある。ましてや，これらの地域を学習対象地域からはずすべきとする理由は何もない。むしろ，資源問題・紛争問題・環境問題・貧困問題などさまざまな学習テーマを内在する地域として，積極的に取り上げるべき地域といえる。

今回，本書を出版するに当たり，その掲載国の選択で，最近訪問したアフリカ・西アジアの11ヶ国に絞ったのは，上記のような視覚情報の穴を少しでもカバーしたいと考えたからである。南アメリカは最近訪問していないので，残念ながらカバーできない。

また，写真の選択に際し，選択した国で撮ったすべての写真を見直したが，多くの国でマーケットの写真が多いことを再認識した。旅行中に個人の家庭を訪問することは容易ではないので，それに代わって庶民の生活を見ることができる場所として，マーケットは適切な場所といえる。マーケットにいる地元の人を見れば，その地域の衣服文化や民族構成の特色がわかり，山積みされた農産物を見れば，食生活や周辺の耕地で栽培されているものがわかる。香辛料の種類を見れば，

仕入れの範囲や歴史が古いか否かがわかる。コーラの実やヘンナの葉のような珍しいものを見つければ，その地域の風俗習慣を知るきっかけになる。日本では道端や公園に捨ててあるペットボトルがマナーの問題になるが，マリやエチオピアではほとんど捨ててあるペットボトルを見ない。これはマナーの問題以前に価値観の違いがある。ジェンネ（マリ）の月曜市には空のペットボトルが山積みされて売られていた。エチオピアでは，旅行中下痢や病気感染を避けるため，名の知れたメーカーのミネラルウォーターを飲んでいたが，村内を歩いているとき，ペットボトルが空になると，後を付いてきた地元の子供たちが先を争って手を出すことが多い。このことも日本人にとって資源問題や環境問題を考える機会になる。

　掲載した写真には，何を撮ったかをできるだけ客観的に説明した短文を付した。写真の中には，その国またはその地方の特徴を表すもので，少し詳しく説明したいものもあり，それは「クローズアップ」の見出しを付して説明した。また，現地で見たままを伝えた方が臨場感があって，印象深く伝えることができると思われるものは「現地リポート」として説明した。1枚の写真の背後にある意味や内容を補足説明したいものは「豆知識」という囲み記事にして，適宜折り込んだ。

　本書に収録した写真を見ていると，旅行中のさまざまなことが頭の中に浮かび上がる。それは楽しい思い出だけではない。たとえばアフリカの旅行では，ホテルとは名ばかりで，夜間の雨で目覚めたら，部屋の中に水溜まりができていたり，湿気を含んだわらのベッドでダニに悩まされたり，熱帯密林の中でのテントで，はまだら蚊から身を守るのに，蚊取り線香や殺虫スプレーだけでは足りず，寝袋にもぐって汗びっしょりで寝たりしたこともあった。また，前夜の大雨で道路が川と化し，ぬかるみにはまって4WDが進めなくなることも何回も経験した。このような苦労は多かったが，今になってみれば，それらもよい思い出となった。そのようにして撮った写真を見直すと，その1枚1枚のシャッターを押したときの感動がはっきりと蘇る。本書には，その中から選りすぐった写真を掲載したが，自己満足の写真もあるかもしれない。それに旅行を通して得た浅い知識を基に写真説明を記述したので，不正確な記述や思い違いもあるかもしれない。それらをお詫びし，お気付きの点のご指摘，ご批判をいただければ幸である。

齊藤　隆

もくじ

まえがき		2
アフリカ	マ リ	6
	ナミビア	38
	エチオピア	52
	モロッコ	74
	チュニジア	84
	エジプト	94

写真に見る アフリカ・西アジアの風俗文化

西アジア	トルコ	110
	シリア	118
	ヨルダン	130
	レバノン	138
	イエメン	146
あとがき		174
さくいん		176

MALI

マリ共和国

ジェンネの大モスクと月曜市

　マリの大部分の都市は，ニジェール川流域にある。ジェンネも首都バマコの北東400km下流のニジェール渓谷にあり，ここに西アフリカ最大の泥のモスクがある。1300年に建立され，1906年に再建された。雨季には建物の表面が壊れるので，乾季に補修する。そのときの足場として，また装飾としてアカシアの木が差してある。モスク前の広場では，毎週月曜にマーケットが開かれる。平素は静かで単調な色の広場は，この日だけは鮮やかな色彩に溢れ，強烈なエネルギーを感じさせる。このモスクを含むジェンネ旧市街は，1988年世界遺産に登録された。

ジェンネの月曜市

　ジェンネは，かつてニジェール川上流の金の産地や南部の熱帯サバナ地方の国とトンブクトゥを結ぶ船の輸送中継地として繁栄し，トンブクトゥと共に「双子都市」と呼ばれた。そうした交易都市の歴史から，ジェンネは現在でも商業が盛んで，このマーケットは広く知られ，ジェンネ周辺の町や村から多くの人を集めている。

　モスク前の広場は，10時頃には開店準備の人々でごった返し，昼頃には満員の状態になり，広場から溢れ出て，周囲の住宅地に通ずる道路にまでマーケットは広がる。売買される品物は，食料品・衣料品から家庭用品・道具類，そして羊までさまざまである。↗

> **豆知識** コーラの実
>
> 　清涼飲料水としてお馴染みのコーラの原料となるコーラの実はマリの生活文化の中で，非常に重要な意味を持つ。大切な客を家に招いたときに，親愛と尊敬，友情の証としてコーラの実を渡す。そのとき，白色の実の方がよりよく，牛乳と一緒に渡す。自分の潔白な心を表す意味がある。日本の首相がマリを訪問したときも，空港でコーラの実をかごに入れて渡された。結婚に際しても，結納金の代わりに男性側の家が女性側の家に渡すことが多い。友達同士で争ったときに，仲直りのしるしとして年下の人がコーラの実を持参して謝る。コーラの実を渡さずに謝っても，真剣でないと思われてしまう。
>
> 　このように，マリでは重要な意味のある食品であるが，マリでは生産されていない。すべてコートジボワールからの輸入品である。コートジボワールでは，このような生活文化はみられないので，マリ独特の文化といえる。
>
> 　食べ方は，実を割ってそのまま食べることが多い。消化を助ける薬として食後に食べたり，スタミナをつけるために食べたりする。

↗日本で平素目にしない商品はいろいろあるが，代表的なものとして「コーラの実」（右上の写真）と「ヘンナの葉」がある。上の写真の中央部に見える淡緑色のものが乾燥させた「ヘンナの葉」である。これを各家庭で粉末にし，水に溶かして髪を染めたり，刺青のように体に模様を描いたりする。

ジェンネの旧市街を行く女性たち

　マーケットが開かれる広場の周辺は旧市街で，日干しれんがで造った2階建ての住宅が多い。その中の裏通りを，頭に荷物を載せ，背筋を伸ばした姿勢で歩く女性たちは，おそらく月曜市で何かを売りに行く地元の人であろう。建物や道路の土色と対照的な鮮やかな色の衣裳が映えて美しい。

お上りさん

　ジェンネ周辺の村から，新しい服，帽子，靴と多くのアクセサリーを身につけて，月曜市に繰り出した女性たちは，旧市街の一角にある水場で手足を清め，衣裳を整えて，さあ出陣！　それぞれうれしそうな顔をしている。月曜市に来るのはリクレーションでもあるのだ。

水汲みを手伝う少年たち

　広場に近いモスクの裏通りには，道端に井戸がある。広場で開店準備をする人の中には水を必要とする人もあり，いつもより多くの人がこの井戸を訪れる。その人たちのために，子供たちは張り切って水汲みのサービスをしている。

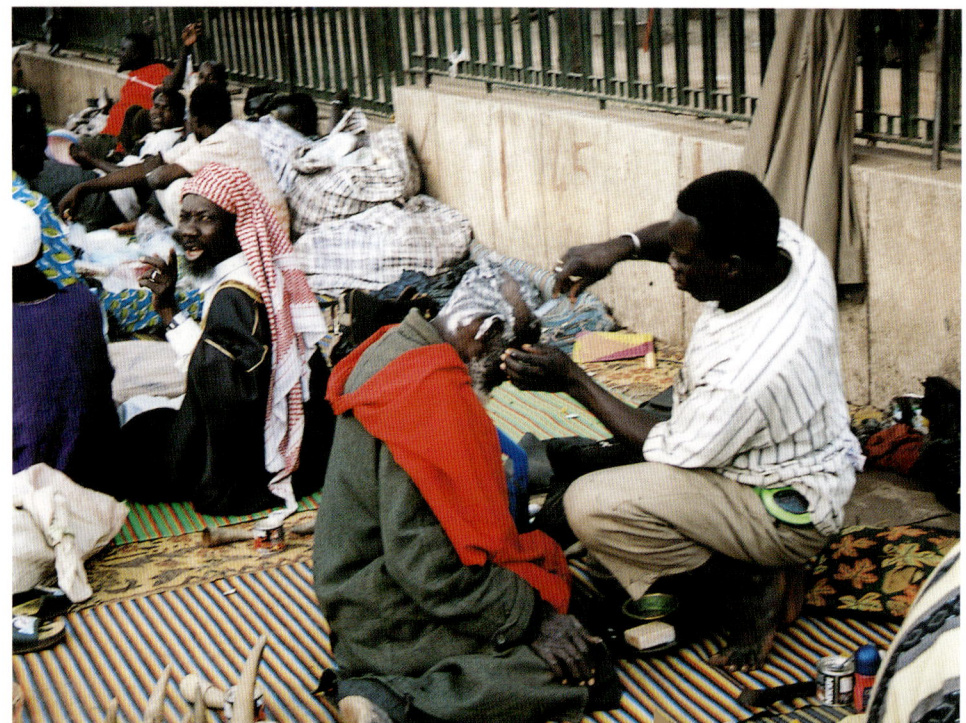

露天理髪店
　マーケットの周辺には，マーケットから溢れ出たように，歩道にも露天商が店を開いている。その中には理髪店もある。たくましさに脱帽である。

バマコ中心部のマーケット

　この国の首都バマコは100万都市である。街を歩いていて，他の都市に比べて圧倒的に人口が多い感じがする。しかし，この大都市の中心部といっても，高層ビルが林立しているわけではない。それでは何をもって"中心部"を認識するか。それは人と自動車が格段に多いことと街を歩く人の服装がきちんとしていることである。この写真は中心部にあるマーケットの入口付近であるが，この人の多さに圧倒される。

都心の通勤者・買物客

　都心を歩く人たちは，何となく身なりがきちんとしている。そして，女性の派手な色彩の衣裳はどれも美しく，目を引きつけられる。この国はムスリム（イスラーム教徒）が80％を占めるが，女性の服装を見る限り，イスラームの国であることを忘れてしまう。

13

クローズアップ　街の正月

　イスラーム暦は太陰暦を使っているので，1年は太陽暦に比べて10～11日短く，元日は毎年太陽暦の日付と異なる。たとえば2005年は1月21日がイスラーム暦の元日になる。マリでもイスラーム暦の元日は祝日になる。この日，多くの人は朝のうちに正装をし，モスクに行って礼拝をする。そのあと家に戻って1頭の羊を捌き，羊肉の料理を作り，家族揃ってごちそうを食べる。午後は料理などを手みやげにして，親戚や親しい友人の家を訪問する。これが街に住む人たちの正月の一般的な過ごし方である。

現地リポート　バマコのイスラミックセンター

　元日の朝，バマコの中心部にあるイスラミックセンターに行ってみた。ここはモスク・コーラン学校・病院などがある総合施設である。礼拝日の金曜と重なったこともあって，モスクの庭の方までムスリム（イスラーム教徒）でいっぱいになった（下の写真）。モスクでの礼拝は朝の8時から9時の間に行われた。この日は大統領もこのモスクに礼拝に来られ，パトカーを先頭に長い車列が通った。また，イスラミックセンターの前の通りには，家族へのプレゼントを売る露天の店が並び，きれいな衣服を着た人たちで混雑していた。

◆昼食として用意された料理◆
○アロコ……羊肉のグリルと揚げバナナ（上の写真）
○セサ………炒めた にんにく と たまねぎ と共に煮込んだ羊肉
○フォニオ…いね科の雑穀を蒸したもの
○飲物………バオバブジュース，ハイビスカスジュース，
　　　　　　ジンジャージュース

現地リポート　家庭訪問

　元日の昼頃，バマコ郊外の住宅地にある，ある会社の社長宅を訪問した。社長一家は正装をして迎えてくれた（左上の写真）。そして昼食として羊肉を中心とする料理をごちそうになった。この家に来る途中に住宅地を通ったとき，何軒かの家の前に繋がれた羊がいたのを見た。その羊が捌かれて各家庭の正月料理になったのだ。社長宅で料理をいただいたあと玄関に出ると，庭には10人程の人が来ていた。彼等は羊を捌くことができなかった近所の人たちで，これから社長が彼等に料理をふるまうとのことだった。

　社長宅を辞して，付近の住宅地を歩いてみると，他所行きの服を着て，アクセサリーを身に付けて，手みやげを手に持ち，または頭に載せて出掛ける人の姿があちこちに見られた（下の写真）。子供たちも，この日ばかりは新しい服と靴を身に着け，母親に手を引かれ，お淑やかに歩いていた。

河岸(かし)の薫製(くんせい)川魚

　ニジェール川は輸送路としてマリの経済を支えているが，漁場としても沿岸の町や村に恩恵を与えている。地元で消費する場合は鮮魚(せんぎょ)としてマーケットに出すことが多いが，地元以外に出荷(しゅっか)する魚は，腐敗(ふはい)を防ぐために薫製にする。これを食べるときは，水につけて軟(やわ)らかくし，カレーのような料理にかけるソースの材料として使うことが多い。

モプティの河港

ニジェール川とその支流バニ川の合流点にあるモプティは,「西アフリカのベニス」と呼ばれ,舟運による交易の中心地になっている。河岸には荷揚げされたさまざまな物が溢れ,活気に満ちている。河岸に係留されている屋根付きの船「ピナンス」と屋根がない船「ピロッグ」は,この街の繁栄を支えている。

> **豆知識** 河岸のひょうたん
>
> 河岸に野積みされたひょうたんは,西アフリカではポピュラーな器である。とくに農村では,穀物や水を入れる器(28, 34ページ参照)として広く利用されている。マリではこれを「カレバス」と呼んでいる。ひょうたんはうり科の一年草で,実の部分を乾燥させ,切って器にする。さまざまな大きさと形があるので,水を汲む柄にしたり,楽器(31ページ参照)に加工することもある。

〈18-19ページの写真の説明〉

モプティの河岸の塩

河岸に荷揚げされたさまざまな物の中に，タウデニの塩があった。タウデニはモプティの北約1000kmのサハラ砂漠の真中にあり，ここで採れる塩を，かつてはトゥアレグの人々がらくだで700km南のトンブクトゥに運び，ニジェール川上流で採れる金を舟で運び，トンブクトゥは交易の町として栄え，黄金都市といわれてきた。しかし，今やトンブクトゥは砂漠化の波に呑まれ，見る影もなくなり，モプティがその地位を奪った感がある。河岸の塩はその象徴のようだ。

モプティのマーケット

モプティの街の中央部に，多くの庶民に親しまれているマーケットがある。スペースはあまり広くないが，肉・穀物・野菜・果物・香辛料から鮮魚まで，食料品は何でも売っている。驚くのは人が多くて活気があることだ。しかも売手・買手とも女性が多く，それぞれ体格がよく，鮮やかな衣裳を着ている。乾季の強い日差しの下では，この色彩がよく似合う。

縫製職人

モプティの河岸に隣接する場所には道具や衣料品のマーケットがある。その一角は縫製工場になっていて，多くの職人が働いている。日本では50年程前に各家庭に普及していたタイプのミシンを使っていた。

モプティの洗濯屋

　ニジェール川の恩恵は，水運や漁業だけではない。ここではニジェール川で洗濯をし，川岸に広げて干している。これ程の量があるのは洗濯屋にちがいない。ホテルのシーツやバスタオルも，このようにしてクリーニングされるのだろう。

道端の洗濯場

　街の中に一つの水道があれば，そこは洗濯場になる。井戸端会議場ともいえる。たくましそうな女性たちが大声で話をしながら洗濯をしている。傍らにはベンチも置いてある。こんな風景はモプティの街を歩いていると，時々お目にかかる。これは，モプティでは各家庭への水道の普及が中心部でも不十分であることを示している。しかし，各家庭に水道が普及しても，コミュニケーションはこの場所で続けるかもしれない。

ニジェール川の恵み

　ニジェール川をクルーズすると，あちこちの川岸で洗濯をする人の姿がある。しかも同じ場所で食器洗いや水浴までしていることが多い。モプティ周辺の集落には井戸があっても，洗濯や水浴は川を利用した方が便利にちがいない。これもニジェール川の恵みの一つだ。ニジェール川の流れのように，ゆったりとした生活が見える風景である。

モプティのベラの人々

　ベラ人は、昔はトゥアレグ人の奴隷だった民族で、今でも最貧の人々といわれ、モプティ市内の一角に住んでいる。わらで造った粗末な家に住み、子供がやたらと多い。過去の境遇を知らされていないためか、子供たちの顔が明るいのが救いだ。

家畜と共に

　ベラ地区は周囲より3〜4m低い場所にあり、雨季には水没してしまう。その間は家畜と共に高台に避難するという。その度に家を造り直さなければならない不便さは大変なものである。彼等が住める場所は他にはないのだ。

ベラ人の学校

　集落内の通路が少し広くなっているこの場所が学校である。子供たちが持っている板にはコーランが書かれており、これが唯一の教科書である。この教科書以外には何も持っていない。ノートも鉛筆もない。

クローズアップ　砂に呑み込まれるトンブクトゥ

マリは9世紀頃からガーナ王国の一部であったが，13世紀にはマリの王がガーナ王国を滅ぼし，マリ王国の発展が始まった。14世紀初頭にはマンサ=ムーサが国王となって，ニジェール川とらくだキャラバンとを結びつけて交易を盛んにし，トンブクトゥの最盛期を実現させた。ムーサ王は1324年にメッカ巡礼を果たしたが，そのとき多くの従者と共に多量の金をキャラバンで運び，経由地のエジプトでも金を惜しげもなく使ったため，世界の金相場が暴落したといわれる。トンブクトゥはヨーロッパの人々に「黄金都市」として知られるようになった。15〜16世紀のトンブクトゥの人口は約10万，町の中心にあるサンコーレ・モスクは当時総合大学を兼ね，最盛期には25,000人の学生がいたといわれる。そのサンコーレ・モスクがある広場は，今は静かになり，広場の隅でパンを焼く老いた女性の周りには，学生や町の人の姿はない。

この数十年程の間に，植生破壊や二酸化炭素（CO_2）の増加などにより，地球規模の温暖化や異常気象が現れ，部分的には人口増と過放牧によって砂漠の拡大が進行した。それはトンブクトゥ付近においても例外ではなかった。交易路としていたニジェール川は，すでに町の南10km以上離れたところに流路を移し，トンブクトゥの交易都市としての機能は失われてしまった。

現地リポート　水汲みの子供たち（トンブクトゥ）

トンブクトゥのシンボルであるジンガリベリモスクに，早朝見学に訪れた。内部を見学したあと，裏庭に出たところ，そこには先客がいた。近くに住む二人の子供が，モスクの裏庭にある井戸に水を汲みに来ていた。自分の家の井戸はすでに枯れてしまったのだろう。砂漠地域の冬の朝は寒い。裸足の二人は，水を満たしたバケツを頭の上に載せて，モスクの裏口から砂の中を帰って行った。

現地リポート　トンブクトゥ郊外のトゥアレグ人

トンブクトゥの町かららくだの背に揺られて30分，地平線まで砂丘が続く砂漠に来た。そこにはいくつかのテントと20人程の人がいた。その多くは女性で，黒い布で顔以外を覆い，男性は青系の衣服を着，布で顔を覆い，鋭い目だけを出していた。彼等が「サハラの青い戦士」と呼ばれて恐れられ，隊商交易にも従事していたトゥアレグ人だ。ここで女性は手拍子で歌い，男性はそれに合わせて踊った。しかし，見るものはそれだけだった。男性の多くは細々と続ける羊の遊牧に出かけていた。トンブクトゥを支えてきたかつての「戦士」は，観光客からのチップを稼ぐ「道化師」に変わっていたのである。

> **現地リポート** トンブクトゥの学校

　早朝町を歩いた。水を汲みに行く子供たちと道端の窯でパンを焼く女性以外に出会う人はいない。しかし突然子供たちの声が聞こえた。町の中心部に近い住宅地の一角に，十数人の子供たちが土の上に座って，板に書かれたコーランを読む声だった。ここは学校なのだ。子供たちは布をかぶって寒さに耐え，勉強の最中だった。このような野外の学校はエコルコラニックと呼ばれるコーランを勉強するための学校で，今では数が少ない。生徒は4～7才で，普通の学校に入学する前に，ここでコーランを暗唱し，同時にムスリム（イスラーム教徒）の規律を学習し，フランス語やアラビア語も勉強する。

　子供たちの足元には，すでに砂が積もっていた。この子供たちが生きているうちは，トンブクトゥは消滅せずに存在し続けてくれることを祈らずにはいられなかった。

フラニ人の村

　モプティの南にフラニ人の村がある。フラニ人はほとんどがムスリム（イスラーム教徒）で，村には泥のモスクがある。子供たちは朝起きると，さっそく粟の脱穀を手伝う。自宅の前の道路が作業場で，木製の臼や杵を使って作業する。臼の近くにあるカレバス（17ページ参照）は粟を入れる器である。

食事の支度

粟を杵で衝いた後、殻を風で飛ばして分離する作業は母親がカレバスの器を器用に使って行う。この粟は金属製の鍋に入れて炊く。

女性のおしゃれ

フラニ人の女性は大変おしゃれで、口のまわりに刺青をする。頭には布をまきつけて帽子のように形を整える。耳や首には必ずアクセサリーをつける。

クローズアップ

バンバラ人の村，サナンコロバ

　バマコから南へ30km程離れたサナンコロバ村は，バンバラ人が住む人口500人の村である。バンバラ人はマリで最も人口の多い民族で，37％を占めている。この村にはカリテの実（どんぐりのような実）から油脂を抽出して作る「カリテバター」という特産物がある。また村内には多くのマンゴーの樹（右の写真の奥に見える樹）があり，実が熟すと収穫してマーケットに出荷する。そのため，比較的裕福な村である。

現地リポート　サナンコロバ村の正月

　イスラーム暦の元日に，サナンコロバ村を訪問した。この日の村の様子は，いつもとは違っていた。隣近所の人たちはいつもより丁寧な挨拶を交わし，いつもは裸で走り回って遊ぶ子供たちも，この日は新しい服を着，履き慣れていない靴を履いて，何となくお淑やかにしていた（下の写真）。隣近所の人たちが何人か集まると，すぐに談笑の輪ができるが，その中心にはこの村のアイドルの子供がいる（最下の写真）。夕方，二人の村人がカレバス（17ページ参照）で作った楽器「コラ」を持ち出し，村の広場でこれを弾きながら歌を歌った。この二人は村で祝い事があると，いつもこの役を買って出るのだ。リクレーションの機会が少ない村人にとって，この即席演芸会は大変楽しいもので，正月気分に浸ることができた（右の写真）。

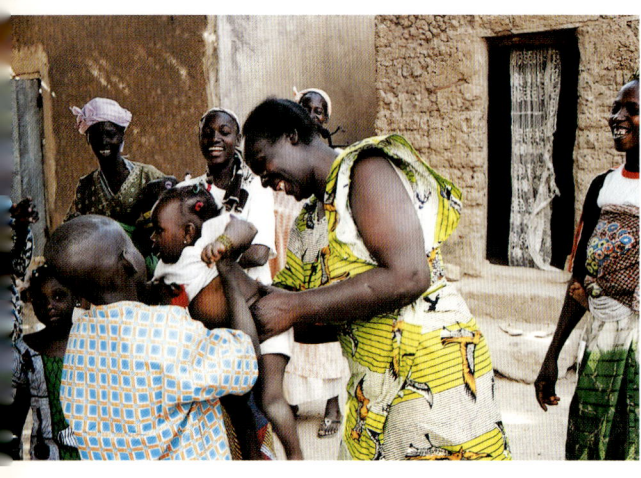

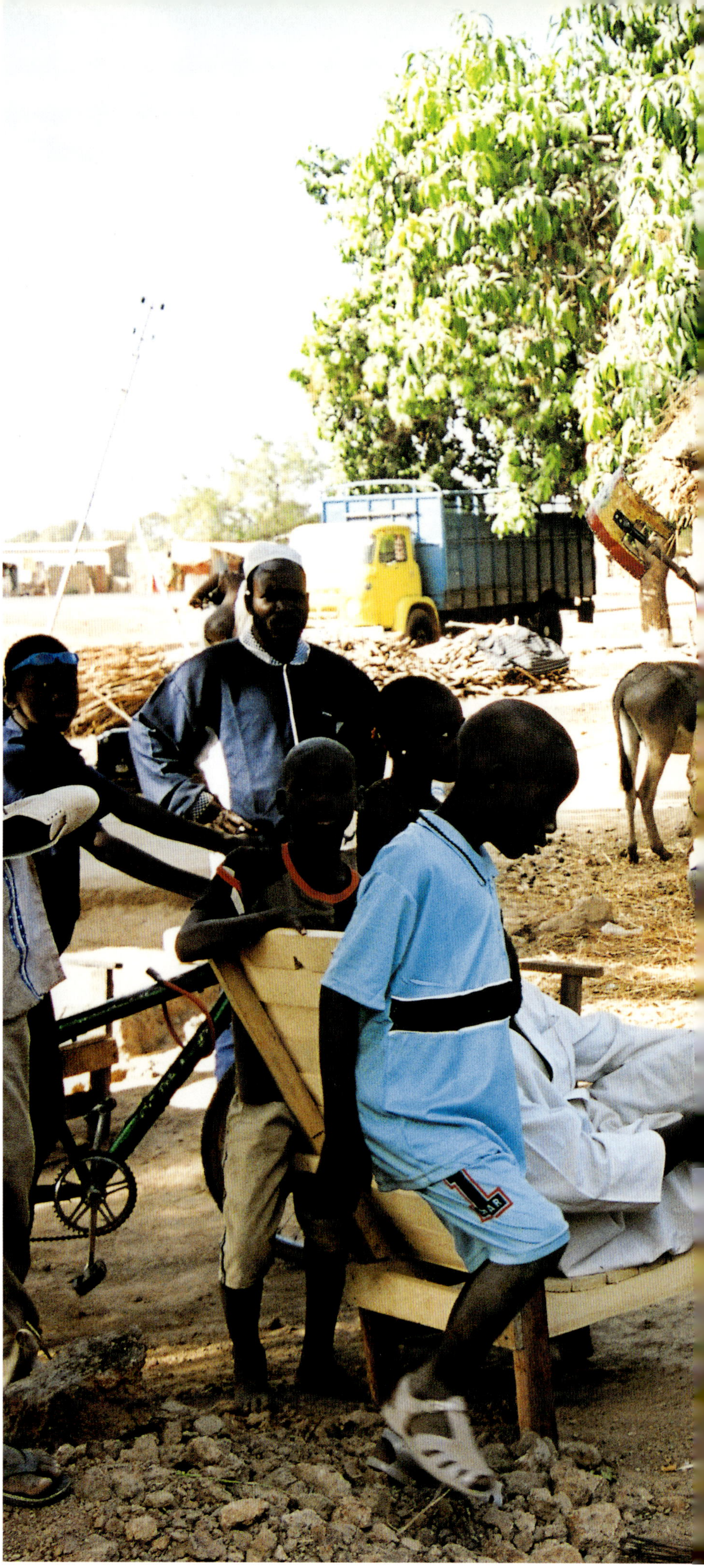

32

ドゴン人の仮面踊り（サンガ村）

　ドゴン人は天地創造の神話をはじめ，壮大な宇宙観，独特の社会制度や芸術文化をもち，今なお伝統的な生活を送っている。仮面の祭りには，先祖を讃えるものや死者の霊を慰めるものなどがある。踊り手はすべて男性で，仮面で顔を隠す。仮面には牛・うさぎ・水鳥・へびや人間など多くの種類があり，天と地と生命といった抽象概念を表す仮面もある。かなり重い仮面もあるが，それをつけて激しく体を動かして踊る。

ドゴン人の村（バナニ村）

　ドゴン人は13〜14世紀に，イスラーム勢力との衝突を避けてこの地に来た。そしてバンディアガラの崖にへばりつくように集落を造った。写真右奥の大きな建物は村の集会場，わら屋根の建物は穀物倉庫，その他の建物は住居であるが，それぞれの建て方や間取りに彼ら独特の思想が反映されている。たとえば集会場は座って話し合う場所であるから，立ち上がって暴力をふるうことを禁じ，天井の高さは1m程になっている。この村は1989年に世界遺産に登録された。

歓迎の歌を歌うドゴンの子供たち（コゴリ村）

　バンディアガラの崖上の村，コゴリ村に着くと，子供たちは歌を歌って来訪者を迎えてくれる。大人に教えられた行動かもしれないが，子供たちは金品を求めることもなく，大きな口を開いて，来訪者の姿が見えなくなるまで歌い続けてくれる。来訪者にとって，子供たちに癒されることも，旅のよい思い出になる。

ドゴン人の畑

　ドゴン人は農耕民族で，どこの村でも特産物のたまねぎを栽培している。日本のたまねぎと比べればかなり小さいが，町のマーケットでもよく見かける。乾季には灌漑が必要で，一坪ほどの畑にカレバス（17ページ参照）1杯の水を撒かなければならない。崖下の川で水を汲み，水を満たした二つのカレバスを抱きかかえて崖を登るのは，少女にとってかなりの重労働である。

バンディアガラの崖を登る女性

　ドゴン人の集落はバンディアガラの崖をはさんで上にも下にもある。崖下のバナニ村から崖上のコゴリ村に行くには，崖につくられた狭い急坂の道を登らなければならない。ドゴンの女性は20kg程の荷物を頭に載せて，この道を足早に登って行く。

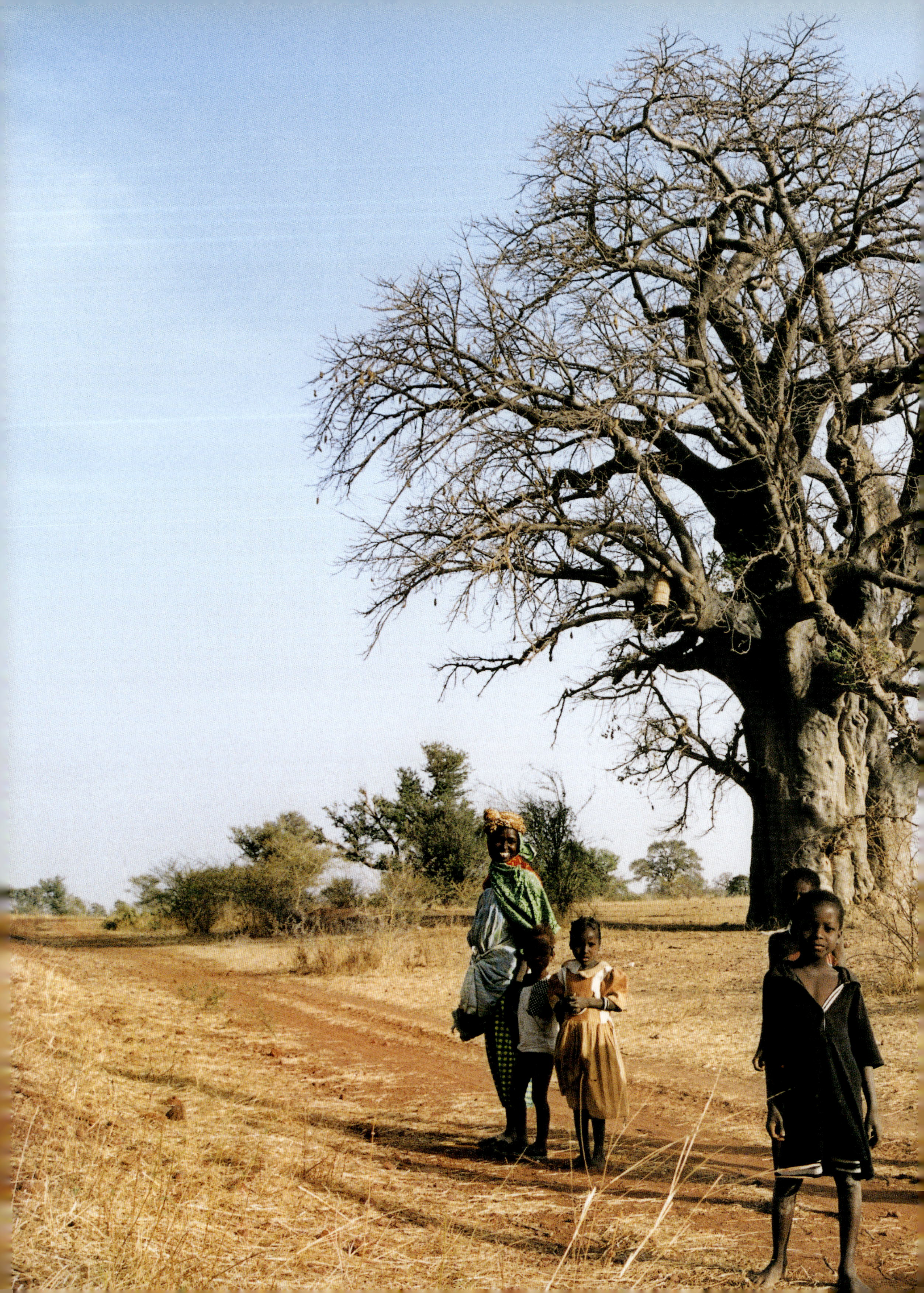

**地元の家族とバオバブ
（セグー郊外）**

　バオバブは実は食用に，葉は粉にして飲料に，樹皮は3年に1回はがして かご などの材料に，根は薬用になり，大変有用な樹木である。また他の樹木より大型で，幹が太く，どっしりしていて存在感がある。
　このバオバブを眺めていると，近くに住む家族が通りがかった。8人の子供を引率した母親は笑みを絶やさず，愛情溢れる眼差しで子供たちを見守り，実にゆったりしている。背後のバオバブのように，アフリカの大地にしっかりと根を張ったくましさを感じさせる。

NAMIBIA

ナミビア共和国

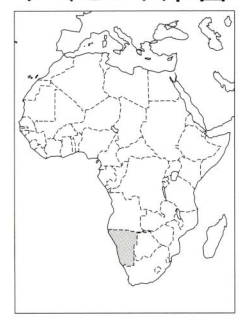

ナミブ砂漠の赤い砂丘

ナミビアと南アフリカの国境をなすオレンジ川によって上流から運ばれた赤い砂は，大西洋に出るとベンゲラ海流によって北の方に流され，ナミビアの海岸に打ち上げられる。海岸の砂は西風によって内陸に運ばれ，長い時間をかけて大きい砂丘に成長する。

ナミブ砂漠には，このようにしてできた世界最大級といわれる砂丘が延々と連なっている。その中でも「デューン45」と名付けられた砂丘は美しく，絵になる砂丘である。とくに早朝と夕方がすばらしい。

朝7時，ようやく太陽が昇り始めると，黒々としていた砂丘は急に赤く輝きはじめる。来訪者は暗いうちからこの砂丘に登り，この瞬間を待つのである。

太陽が昇ると風が強くなる。細かい砂は容赦なく衣服やカメラに入り込む。大勢の来訪者が砂丘に残した足跡は短時間で消されてしまう。この風が砂丘の創造と破壊をくりかえし，砂丘を移動させるのだ。

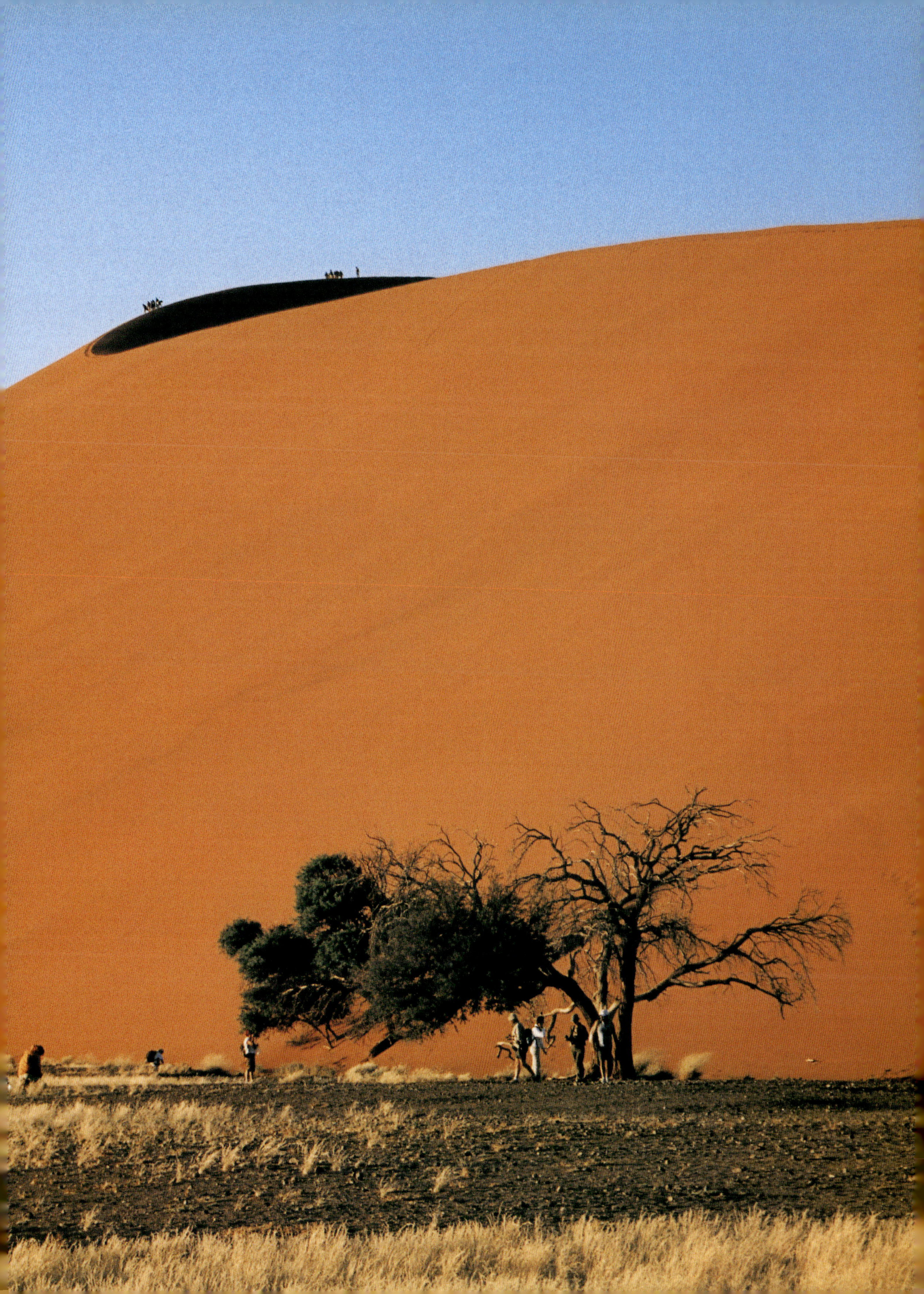

ソッサスブレイ

　デューン45までは一般の乗用車やバスが入れるが，それより奥へは砂漠専用車に乗り換えて進み，さらにその先は歩くことになる。ワジ（かれ川）を選んで歩けば，砂に足をとられることはない。近くに石灰岩地帯があるため，この辺りのワジは白くなっている。しばらく歩くと，池のように広くなったところに出て，ワジの終点になる。周囲は高さ300m前後の砂丘に囲まれてしまう。この辺りはソッサスブレイと呼ばれている。太陽が高くなると，光線が反射して，砂丘は白く輝くようになる。

ウェルウィッチア

ウェルウィッチア科唯一の種で、ナミブ砂漠特有の植物である。寿命は2,000年といわれ、葉は2枚、高温で先の方から枯れるが、枯れなければ長さは200mにもなる。雌雄異種で、別名は「奇想天外」という。

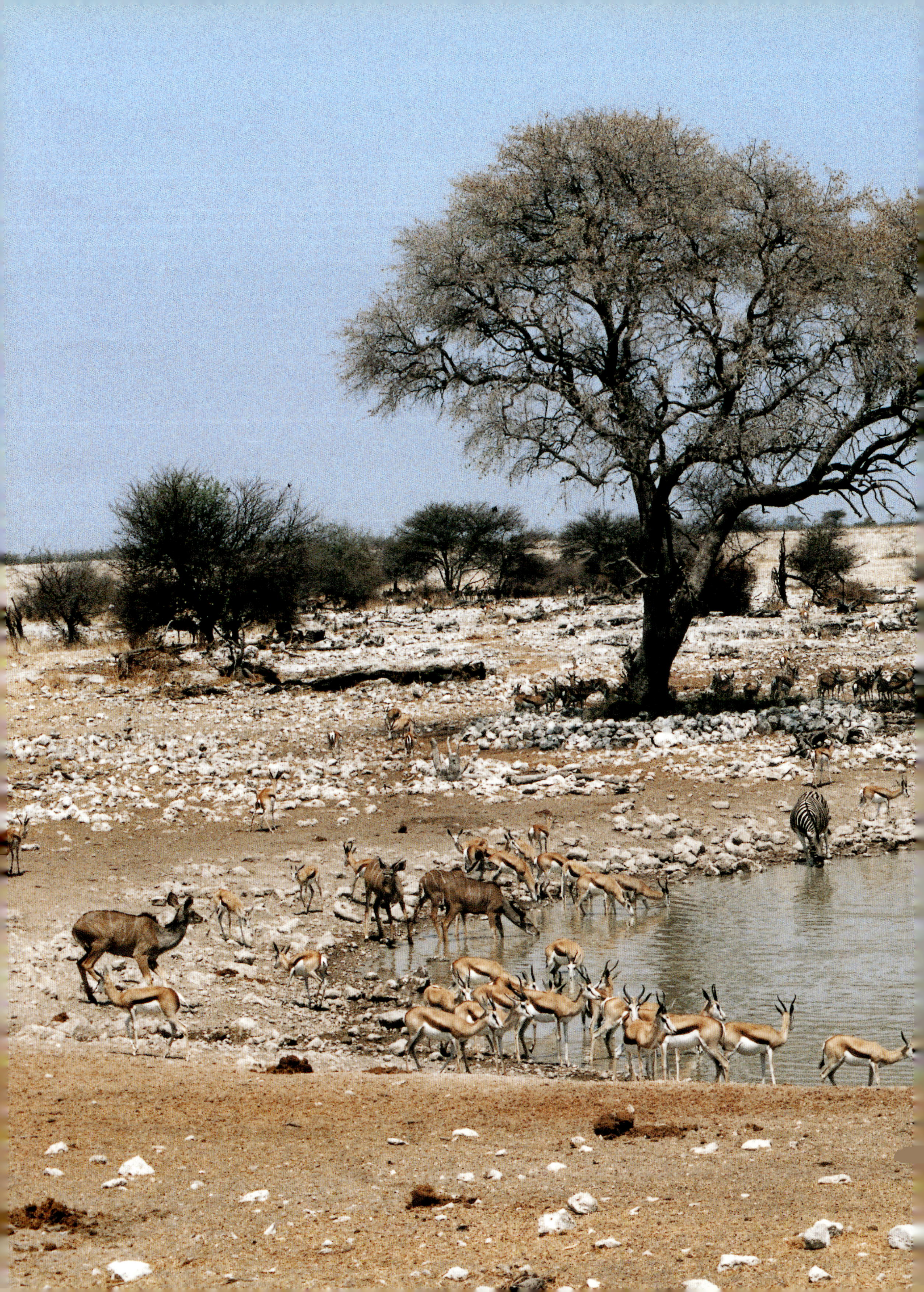

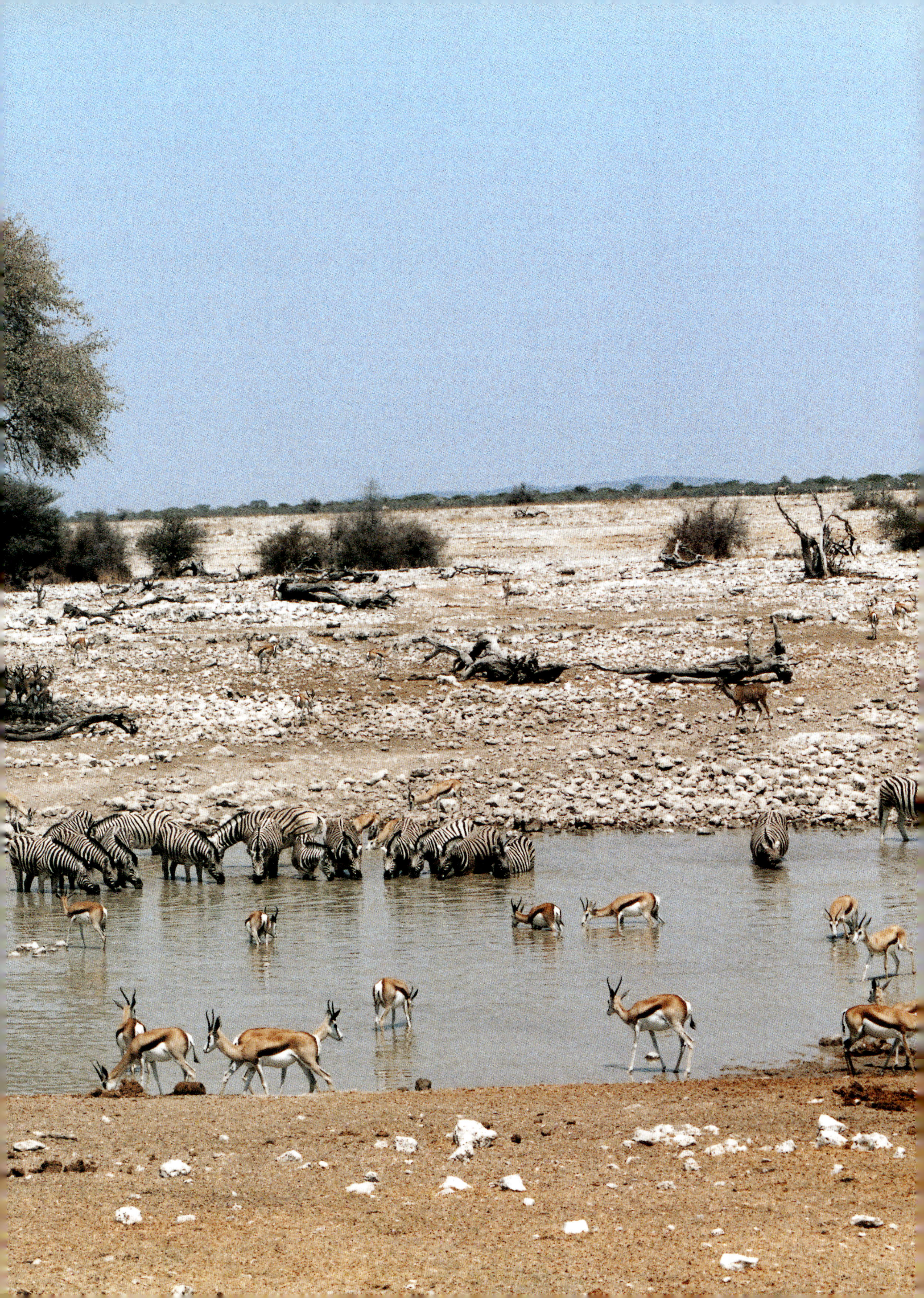

〈42-43ページの写真の説明〉

オカクヨの水場に集まる動物たち（エトーシャ国立公園）

　エトーシャ国立公園は，ナミビア北部にあり，エトーシャパンという塩性湿地を中心に東西に広がる公園で，野生動物の宝庫である。動物は水場に来るとき，数十m離れたところで立ち止まり，水場とその周辺に天敵がいないかどうかを注意深く確かめる。水を飲んでいるときが，もっとも無用心になるからである。また，水場が込んでいるとき，または自分よりも強い動物が水場を占拠しているときは，少し離れた場所で，辛抱強く順番待ちをしている。このようにして，野生動物の世界でも秩序が保たれている。

ネブラウニの水場（エトーシャ国立公園）

　象が湧き出し口を占拠すると，他の動物は近付けない。オリックス・だちょう・しまうま・きりんが辛抱強く順番待ちをする。がまんできなくなった1頭のオリックスが湧き出し口に近付くと，象は大きな声で吠えて威嚇し，追い払う。この水場は石灰層上にあり，象が水浴びをすると，底の石灰が撹拌されてどろどろになってしまい，しばらくの間，湧き出し口以外の水は飲めなくなってしまう。それでも待ち続ける動物たち。彼等にとって乾季は大変な忍耐を強いられる。
　動物を見に来る人間にとっては，乾季が都合よい。雨季には水溜まりがあちこちにできるので，特定の水場に多くの動物が集まることはないが，乾季には特定の水場に多くの動物が集まり，動物の社会のさまざまなドラマを見ることができるからである。

スプリングボック

　乾季の草原では保護色となるが、茶・焦茶・白の配色が美しい。跳躍力がある足は細くスマートだ。集団で行動し、頭数は多いが、肉食獣の餌食になることも多い。

しまうま

　この公園にいる しまうま は、焦茶の縞の間に淡い茶の縞が入っている。これは「バーチェルズゼブラ」という種類である。離れて見ると、土で汚れたように見えるが、近付くと、これが上品で美しい。十数頭から20頭前後のグループで行動することが多い。

ヌー

　ヌーも集団で行動する。先頭のヌーが走り出すと，群れの全員が砂煙を上げて走り去る。この黒い集団は乾季の草原では目立つ存在である。近くで見ると，たくましい姿をしている。時折，グループから離れた1頭が水場に現れることがあるが，首を下げて遠慮気味に近付いてくる。

オリックス

　焦茶と淡い茶・白とのコントラストが美しい。シックな色合いの衣装で装う貴婦人のイメージがある。
　エトーシャ国立公園には，50種の動物と210種の鳥が生息しているが，乾季に容易に見られるのは，42ページからこのページまでの写真にある動物とライオン・いぼいのしし・インパラ・クドゥーおよびほろほろ鳥・はたおり鳥・コーリーバスタードなどの鳥である。

ヒンバの人々の生活

　ヒンバの人々はナミビア北西部に分散して小さな村をつくり，伝統的な生活を今でも続けている。一夫多妻制で，男性は所有する牛の頭数で妻の人数が決まる。女性は5人以上の子供を産むことが多い。男性は日常牛を連れて遊牧に出るので，村内は女性と子供だけになる。食事は狩で得た動物（スプリングボック，オリックスなど），とうもろこしの粉のおかゆ，牛乳からつくる乳製品をとる。写真上はとうもろこしの粉のおかゆをつくっている。写真右上は子供に母乳を与えながら，牛乳を入れたひょうたんの器を振ってバターをつくっている。

ヒンバの人々の住居

　ヒンバの人々の住居は，造るのが簡単で小さいという遊牧民共通の特色を持つ。形としては右の写真にあるタイプが多いが，他にもさまざまなタイプが見られる。住居を造るのは女性の仕事で，個性や能力が表れるのである。住居の材料は，付近に自生するモパニという樹木と泥と牛糞である。村内には未完成の住宅も多く見られる。それは材料が不足しているためでもあるが，完成を急ぐ気持ちがないためでもある。雨が少ないため，未完成のままでも気にしていない。食事を作ったり，食べたりする場所は，自宅の前であり，住居はたいてい1室である。

女性のたしなみ

　ヒンバの女性は全身に赤い塗料を塗る。塗料は、遠方で採取した特定の赤い石を磨って粉末にし、これにバターを混ぜてつくる。これを塗ることで防虫、日射しよけ、寒さよけになる。これを髪にも塗って髪型を整える。髪型によって未婚（左の写真）と既婚（下の写真）の区別をする。ただし、既婚女性の髪飾りは水などを頭上に載せて運ぶときに邪魔になるので、付けていない人もいる。

アクセサリーをつくる女性

　女性の衣服は短いスカートだけであるが、首や腰、腕、足に、手作りのアクセサリーを必ずつける。女性は日中の時間を利用してアクセサリーをつくる。時折来訪者があると、臨時の店を出して、手作りアクセサリーを売ることもある。

クローズアップ　子供の躾

　ヒンバの人々は，彼等の村を訪問する他民族や観光客が多少はあるので，自分達以外の生活について，ある程度のことは知っている。にもかかわらず，彼等は昔のままの生活や伝統をかたくなに守っている。しかし，彼等を観察すると，彼等は特殊な考え方にこだわっているようには見えない。彼等は大変おだやかで，おおらかで，村内の人間関係や親子関係は，我々からみても全く違和感がない。むしろ昔の日本人のよいところを今も維持しているといった感じがする。小さい村で自給自足の生活をしているからこそ維持する必要のある価値観なのかもしれない。たとえば「助け合いの精神」は小さい村だからこそ大切にし，小さいときからそれを教えているようにみえる。食事のとき，一家団欒の中でさまざまな話をし，躾をしている（下の写真）。子供が危険な遊びをすると，母親はすぐに子供を呼んで，ときには抱きしめたりしながら，子供が納得するまで諭している（下左の写真）。子供たちの遊びには常に気を配り，自分の子供だけでなく，遊びのルールを教えている（下右の写真）。これらは，日本でも数十年前までは当たり前のことであった。現在，いじめ，子供虐待，親殺しなどが多発する日本は，ヒンバの人々に子供の躾について学ばなければならない。

現地リポート
子供たちの助け合い

　ヒンバの村を離れるとき，ガイドから「子供たちが求めても，キャンディを与えないでほしい。」といわれていたので，そのまま帰りのバスに乗って，見送ってくれた子供たちに手を振った。そのとき同行したメンバーの一人がバスを降りて，子供たちにキャンディを配った。禁止事項を破ったこと以上に悪いことに，子供の一人にキャンディが行き渡らなかった。その子供は泣き出し，そのメンバーは逃げるようにバスに戻った。罪なことをしてくれたと文句をいいながら，カバンを開いてキャンディを探し始めたとき，キャンディをなめていた一人の子供が口からそれを取り出して，もらえなかった子供の口に入れてやったのだ。大人が犯した罪を子供が救ってくれたのだ。助け合いの精神を子供に教えられ，恥ずかしかった。

ETHIOPIA

エチオピア連邦民主共和国

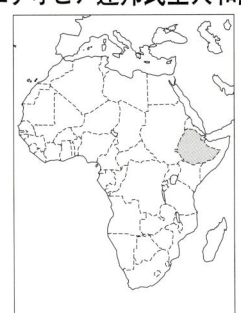

ラリベラの聖ギオルギス教会

　エチオピアは歴史の古い国である。伝説によれば，紀元前10世紀頃にイエメン，スーダン，エチオピア一帯を治めていたシバの女王が，イスラエルのソロモン王との間に子供をもうけ，この息子がシバの女王の王位を受け継いで，エチオピアの初代皇帝メネリクⅠ世になったという。以来，1974年エチオピア革命によってハイレ＝セラシエ皇帝が廃位させられるまで，3000年にわたり連綿と各王朝が続いた。

　4世紀にはアクスム王朝が，シリアの宣教師によって伝えられたキリスト教を国教と定め，ヨーロッパとは異なる独自の発展をした。12世紀には新たにザグウェ王朝が興り，第7代ラリベラ王は巨大な一枚岩を掘り抜いて，11の岩窟教会を建造した。その一つがこの教会で，幅・奥行・高さとも12mの十字形をしている。

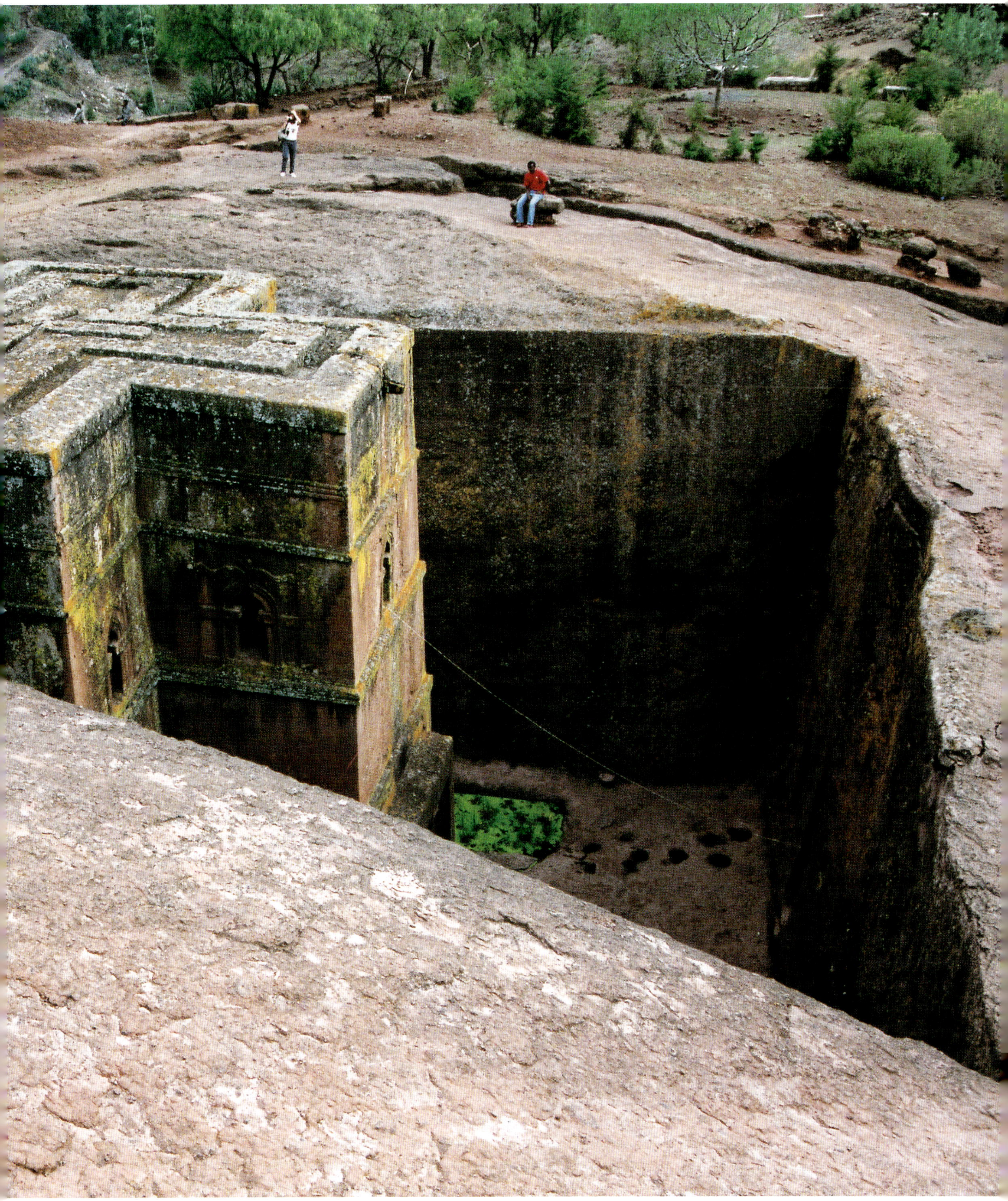

アディスアベバの聖ギオルギス教会

1896年，メネリクⅡ世皇帝がイタリアとの戦争に勝利した記念として建立した八角形の外観をもつ教会。窓の前で長い時間祈る人の姿は絶えない。

聖ギオルギスはエチオピア正教の守護聖人であることから，その名を冠した教会は他の町にもあり，聖ギオルギスの姿を描いた絵画（左の写真）は多くの教会の壁を飾っている。

ゴンダールの城

17世紀から19世紀にかけて，この地にゴンダール王朝歴代の王によって建てられた六つの城が堅固な城壁の中に残されている。これを見たヨーロッパの人がアフリカの地に中世ヨーロッパと同じような城があることに驚き，「不思議の城」と呼んだ。その中で最も大きいこの城は，初代の王ファシリデス帝が建立した。（右上の写真）

バヒルダールのマーケット

エチオピア北部にこの国最大の淡水湖，タナ湖があり，商業の中心地バヒルダールはそのほとりに開けている。町の中心部には大きなマーケットがあって，ここでは野菜・穀物から衣料品まで何でも売っている。エチオピアが原産地といわれるコーヒーは，グリンピースのような色をした「生」のままの豆が売られている。コーヒーは各家庭で煎るのが普通なのである。（右の写真）

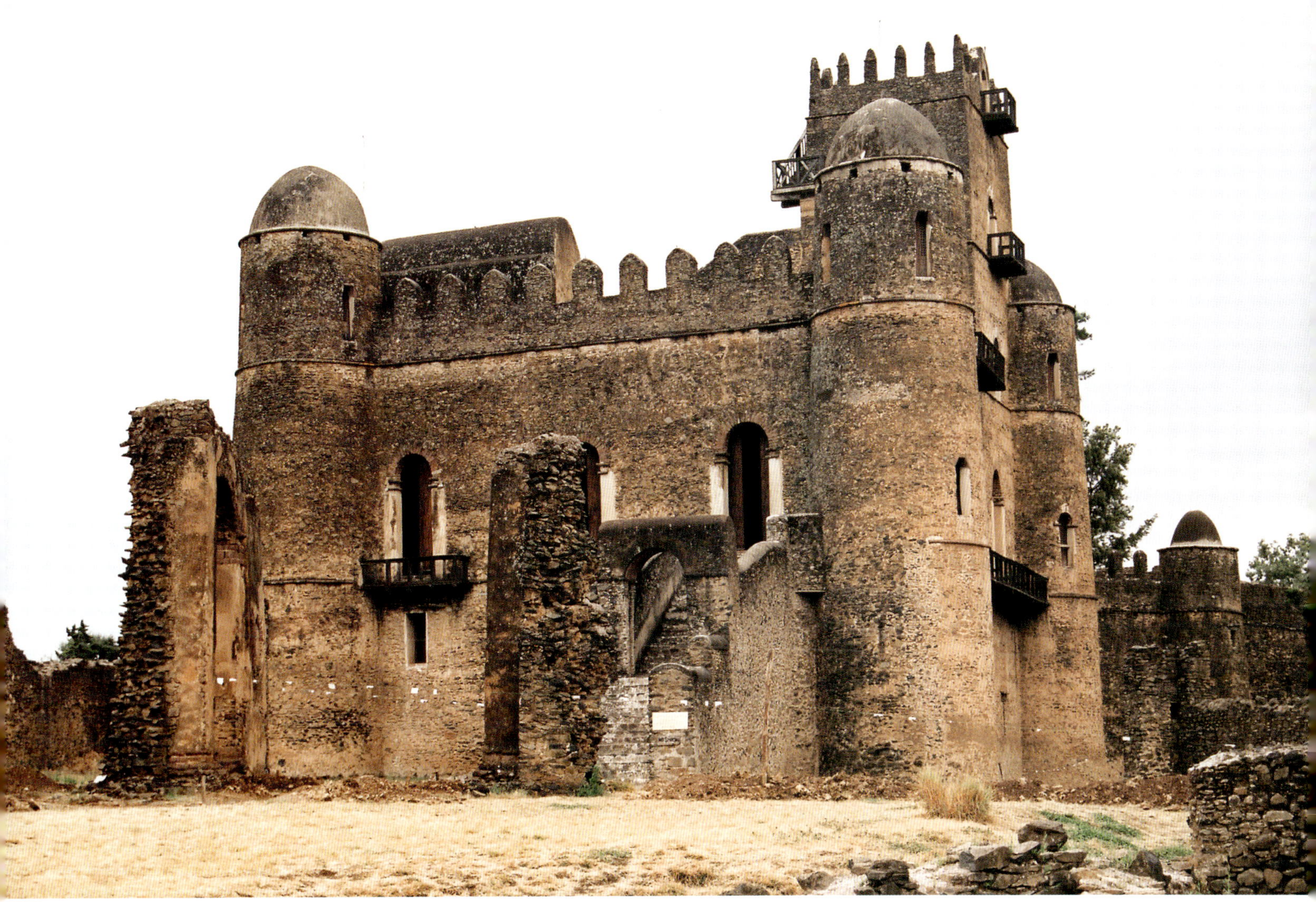

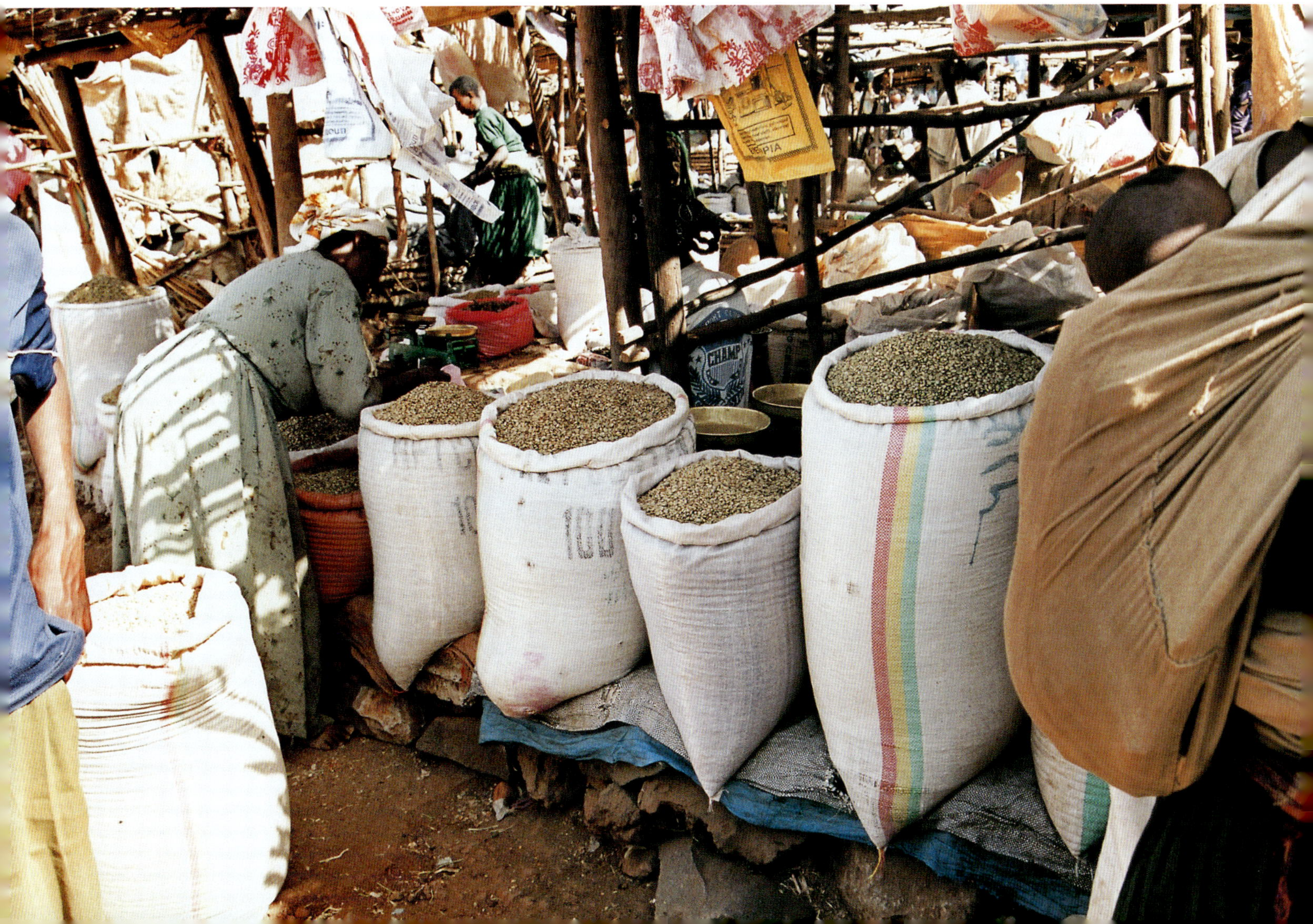
CHAMP
100

クローズアップ　コーヒーセレモニー

　エチオピアには、来客をもてなすときや祝い事、祭、隣人との付合いの機会に行われる大切な習慣として、コーヒーセレモニーがある。一般家庭で行われるコーヒーセレモニーは、次のような作法で行われる。

　自宅の庭に、松の葉に似た「ケテマ」という青草を敷きつめる。これは自然の中で、清々しい雰囲気を演出するためで、このとき乳香を焚くこともある。火鉢の上に鉄皿を載せ、薄緑色のコーヒーの生豆を入れ、それに湯を注ぎ、金属の細い棒でかき回して豆を洗う。これを数回繰り返し、豆の汚れを取り除く（写真①）。次に鉄皿のコーヒー豆を火鉢で煎る。豆が薄緑色から茶色に変わるまで、よくかき混ぜながら、かなり時間をかけて煎る（写真②）。煎った豆は強いコーヒーの香りがしてくる。煎り終わった段階で、来客に香りを楽しんでもらうため、鉄皿を持って来客の席を回る。その後、煎った豆を小さな木製の臼に入れて、鉄製の重い杵で打ち、粉末にする（写真③）。一方、ポットに水を入れ、火鉢に載せて湯を沸かす。粉末にしたコーヒーを独特の形をした陶器のコーヒーポット「シャバナ」に入れ、火鉢にかけて煮る。ふきこぼれると少し冷まし、これを数回繰り返して煮詰める。その後、シャバナを火鉢からポット置きの上に移し、煮詰めたコーヒーが沈澱するのを待つ。その間に鉄皿でつまみ用のポップコーンをつくる。沈澱した頃を見計らって、上澄みのコーヒーをカップに注ぎ、来客にふるまう（写真④）。これは非常に濃い、こくのあるコーヒーになる。その後、シャバナに水を足して再び煮沸し、2杯目のコーヒーをカップに注ぐ。さらに同じ方法でコーヒーを沸かし、来客が断らなければ、3杯目までカップに注ぐのが正しい作法である。

　都市部では、来客がない日にも、1日に2～3回、食後などに同じ方法でコーヒーを沸かして飲む家庭が多い。

❷

| 豆知識 | エチオピアのコーヒー生産と消費 |

　エチオピアはコーヒーの原産国で、「コーヒー」の語源はエチオピア南西部の地方名「カッファ」に由来している。コーヒーを日常的に飲む習慣はエチオピアから始まったといわれる。コーヒー栽培は標高1200〜2500mの高地が適し、エチオピア高原の東部・西部・南部にそれぞれ特色ある銘柄のコーヒーが生産されている。特に東部のハラール付近は、標高2500mの気候環境が栽培に適し、エチオピアを代表する高級コーヒーの生産地である。

　コーヒー豆の生産量が最も多いブラジルは、おもに大農園で生産されるのに対し、エチオピアではガーデンコーヒーといわれる小規模農園で生産され、生産量の60％以上が森林およびその周辺で行われる有機栽培である。収穫・天日干し・選別の段階でも人の手で行い、いわば手造りのコーヒーといえる。エチオピアのコーヒー生産量は世界第6位で、エチオピアの輸出額の中でコーヒーが第1位となっている。また輸出国の中で自国内消費量は第3位で、多い方である。都市にあるマーケットでは、コーヒーの生豆（煎る前の豆）を売る店は大きなスペースを占めている。一方南西部の村では、「ハウス」と呼ばれるコーヒーの殻を煮詰めて飲む習慣がある。これにはカフェインが多く含まれている。またコーヒーの樹の葉を煮詰めて飲むこともある。

57

コンソの人々が住むゲモノ村

コンソの人々は農耕民族で，みごとな段々畑をつくることで知られている。彼等は段々畑で主食のもろこしをはじめ，とうもろこし・きび・豆などを栽培している（上の写真）。この村では，各家庭で「チャガ」というビールをつくり，日常的に昼間から男女ともに飲んでいる（下の写真）。この家庭でも敷地内にチャガ貯蔵庫をもっている。

ズワイ湖の漁

紅海南部からエチオピア東部を通り，南西部へと貫くグレートリフトヴァレー（大地溝帯）には，多くの湖が点在しているが，その一つズワイ湖の沿岸には漁で生活する人たちもいる。この湖ではなまずやテラピアなどがとれるが，彼等は漁から戻ると，すぐに湖岸で魚を解体し分け合う。アフリカはげこう（不気味な姿をした大型の鳥）やしゅもく鳥（茶色で小型の鳥）は解体後のおこぼれを待っている。湖岸に散らかした魚の内臓は鳥たちが掃除してくれるのである。人と鳥が共存するほほえましい光景である。

朝のラッシュアワー（アルバミンチ郊外）

グレートリフトヴァレーには多くの少数民族が生活しているが，彼等の多くは牛またはやぎを飼う牧畜民である。

町から町の外に通ずる道路は，朝と夕方に渋滞になることが多い。町の周囲に住む牧畜民が家畜の大群を連れて放牧地を往復するためである。車で出かけるとき，牛の大群に会うと，それを追い抜くのに長時間かかってしまう。牛にとっては毎日の通勤だからと，あきらめるしかない。

①

クローズアップ　ドルゼの人々の生活

　エチオピア南部のケニアと国境を接する州ガンモ＝ゴファ州の州都アルバミンチから約30km西側の山の中にドルゼの人々の集落がある。この辺りには竹林が多く，ドルゼの人々はそれを利用して，竹の住居を造る。竹の幹を裂いて骨組を造り，その上に竹の皮で覆う。竹の特性を活かして，高く組み上げて内部空間を大きくし，2〜3箇所の明りとりを造り，きれいな曲面を形作り，美しい住居に仕上げている（写真①）。住居の内部には，裂いた竹を編んで造った仕切りで，いくつかの部屋に分け，居間，寝室のほか，台所・家畜部屋・食料保管室・物置きなどにしている（写真②）。敷地の中には，中心となる大きな住居のほかに，小さな住居がある場合もあるが，これは息子が独立して建てた分家である。

　住居の周囲は，エンセーテ（ばしょう科の植物でバナナに似ている）が取り囲んでいるが，その葉茎を竹べらでしごいて澱粉を取り出し（写真③），石で削った根の外側の澱粉を混ぜ合わせ，これを50〜80cm程の深さの地中に埋め，1〜2週間寝かせて発酵させる。これを「コチョ」という。それを地中から取り出したら，ナイフで繊維を取り除き，石臼ですりつぶし，エンセーテの葉で包んで焼いて食べる。これがドルゼの人々の主食である。

　ドルゼの人々は質のよい綿布を作っている。この集落でも組合をつくり，その仕事場で男性の職人が綿布を織っている。各家庭にも織機があるが，組合の織機も家庭の織機も竹製である（写真④）。

②

61

たまねぎ を売る人

　たまねぎ を売るこの人は，早目に会場に入り，水溜まりを避けた場所を確保し，開店の準備を終えてほっとしたところである。客も集まりだした。それにしても，ここに陳列してある商品の総重量はどれ程だろうか。女性一人で運ぶことができたとは信じられない。このおしゃれな女性も悪戦苦闘してここに来たことは，靴を見ればわかる。

チェンチャ村の土曜マーケット

　ドルゼの人々が住む集落がアバヤ湖西側の山の中にいくつか散在するが，その中心の村がチェンチャ村である。この辺りには1万人程のドルゼの人々がいるが，この村で開かれる土曜マーケットは，州都アルバミンチのマーケットより規模が大きい。この村は標高2,400mの高地にあり，マーケットが開かれる午前10時頃になってもかなり寒く，ここに集まる村人は厚手の上着を着ている。また前夜の豪雨で，会場には水溜まりが残り，ぬかるみができている。そのため，店を開く人は場所を選ぶのに右往左往している。

マーケットに急ぐ人たち

　このマーケットで店を開く人は，売る物を背負って10～15kmの山道を歩いて集まってくる。その多くは女性である。とくに往路は荷物が重く，大変な重労働である。たとえば，2m程の長さの「さとうきび」は肉厚の竹のようで，1本5kg以上ある。これを10本程背負って，ぬかるんだ山道を歩かなければならない。因みに，さとうきびの値段は1本15円程度，全部売れても150円の売上げである。この売上げで，生活必需品を買い，夕方には再び10～15kmの山道を歩いて家族の元に帰るのである。

タバコを売る人

　この女性が売る商品はタバコである。足許の黒い石のような固まりがタバコの葉を発酵させたもので，「ジジャーラ」とよばれている。花瓶のような形の陶器に少量の水を入れ，その上の器に炭火を入れておき，吸うときにジジャーラを炭火の上に置いて，竹の吸口で吸引する。この辺りにいる人たちは，同じ集落の人たちで，裸足の人が多い。

63

カヤファ村の木曜マーケット

　エチオピア南西部グレートリフトヴァレー（大地溝帯）に住むベンナの人々の中心の村，カヤファでも週1回のマーケットが開かれる。周辺の村々から多くの人々が集まる。各種食料品・衣料品からラジオまでさまざまな日用品が売られ，売り手のほとんどは女性である。上の写真の女性は副食の「ワット」に使う各種スパイス（香辛料）を売っている。ワットは たまねぎ や にんにく をみじん切りにして炒め，スパイス・水・油などを加えて煮込み，ワットの種類に応じて肉や野菜を入れるシチューのような料理で，スパイスの使い方で"各家庭の味"になる。
　下の写真の女性は，岩塩を石で砕いて粉末にしながら売っている。この店のもう一つの主力商品はコーヒーの殻である。コーヒーの豆は高く売れるので，都市に出荷する。一方，コーヒーの殻はエチオピア南西部の低地に住む遊牧民の飲料で，コーヒーと同じように煎って煮詰めた汁を日常的に飲んでいる。

マーケットを闊歩する伊達男

　このマーケットが他のマーケットと少し異なる点は，衣料品を売る店が多く（下の写真），商品は派手な柄物が目立つ。この衣料品店通りを闊歩するのは若い男性で，この通りを何回も行ったり来たりしている。彼等は目立つ色と柄の袖無しのシャツ，短いスカートを身につけ，耳に大きなイヤリングをつけ，首や手首・足首にもアクセサリーをつけて，手には必ず腰掛を持っている。このファッションが，この辺りでは，今流行しているのだろう。彼等を見る若い女性は，好奇な目を向けている（上の写真）。香辛料を売る働き者のお母さんたちとは対照的な存在である。

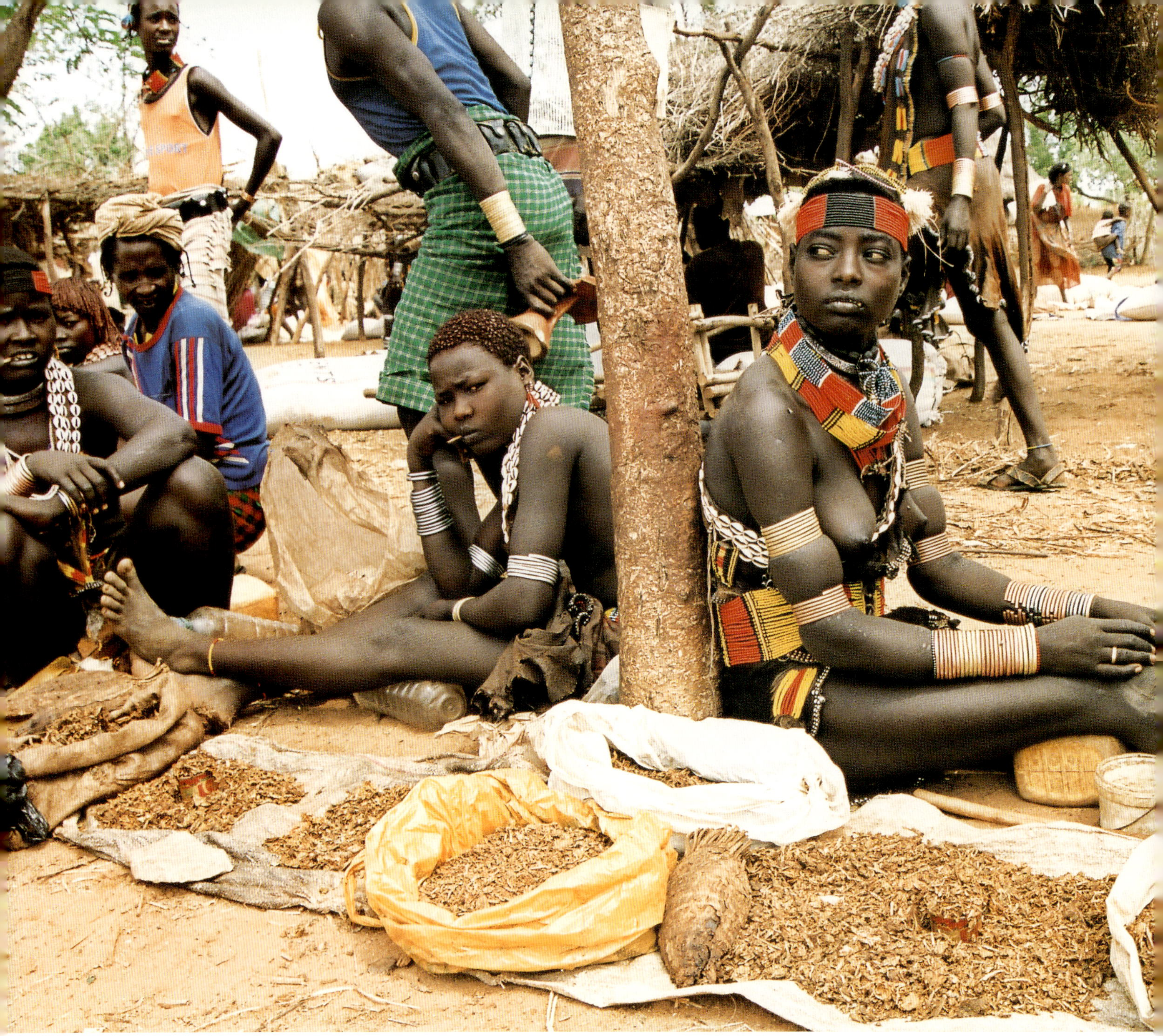

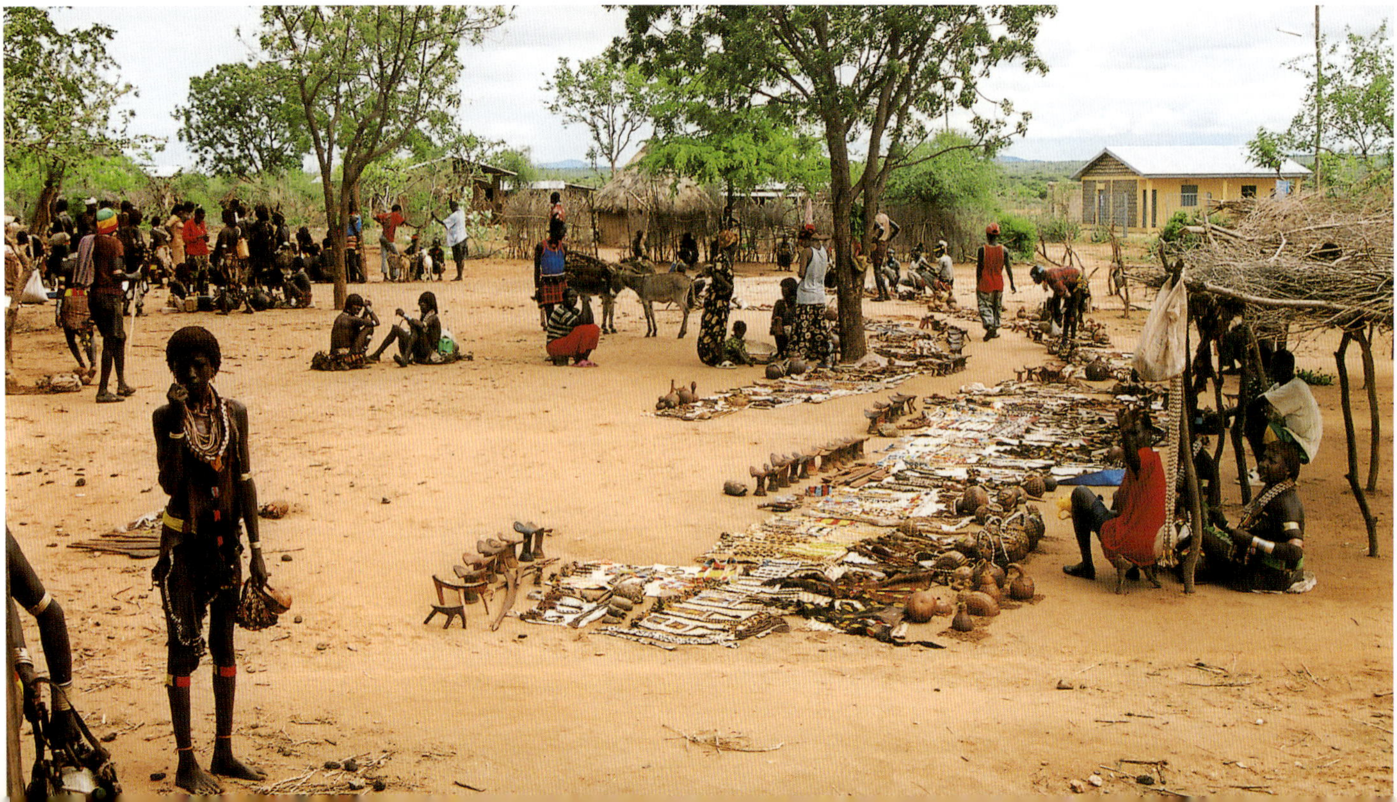

トゥルミの月曜マーケット

　このマーケットには，ハマルの人々が多いが，カロやベンナの人々など言語文化的に近い部族が集まる。タバコを売るのはハマルの女性である（左の写真）。彼女たちは赤土とバターを混ぜて髪に塗り，やぎの毛皮２枚で作るスカートを着ている。９時30分頃から開く店が多いが，客はまだ少なく（左下の写真），10時頃になると人が増えてくる。タバコのほか，蜂蜜・もろこし・コーヒー・赤土など品物ごとに場所が決められており，手作りのアクセサリーには広いスペースが割り当てられている（最下の写真）。そのアクセサリー店の付近を行ったり来たりしているのはハマルの少女たちである（下の写真）。すでに多くのアクセサリーを身に付け，ハンドバックに代わる袋を持っている。おしゃれに関心が強まる年齢の渋谷（東京）に集まる少女たちと同じである。

クローズアップ　ハマルの人々の生活とダンス

　ハマルの人々はエチオピア南西部のグレートリフトヴァレー（大地溝帯）に住む遊牧民である。ハマル全体の長を「ビッタ」と呼び、世襲制で、超自然的な力を持つとされ、人々から崇められている。ハマルは所有する牛が経済力を表すステイタスシンボルになっている。彼等は伝統を重んじ、現在も一夫多妻制を続けている。男性は所有する牛の頭数によって、持つことができる妻の人数が決まる。2人以上の妻は同じ家に住むことはなく、それぞれが住む家に夫が通う。結婚年齢は20才以上であるが、男性は結婚する資格を得るために、「ブルジャンピング」に成功しなくてはならない。これは一列に並んだ十頭以上の牛の背を落下せずに飛び越えて渡る儀式である。彼等の食生活に、牛のミルクやバターは欠かせない。弱った牛を殺して食べることはあるが、元気な牛を殺して食べることは決してしない。

　彼等には、集団で行う伝統的なダンスがある。日が暮れると、①若い男女各15人程が一列に並んで向かい合い、歌を歌いながら踊る。②男性はジャンプするなど力強さをアピールする。③手をつないで歌いながら前進と後退をくりかえし、一緒に踊りたい相手を選ぶ、④女性が腕輪をこすり合わせて音を鳴らし、一緒に踊りたい男性を指名する。女性は指名した男性と一緒に踊ったり、踊らずに身をかわして逃げ戻って焦らしたりして、雰囲気を盛り上げる。⑤このようにして、男女のペアが何組かできる。これを真夜中まで繰り返す。

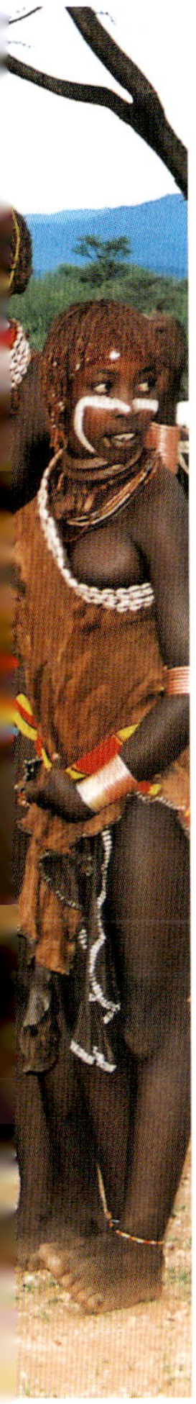

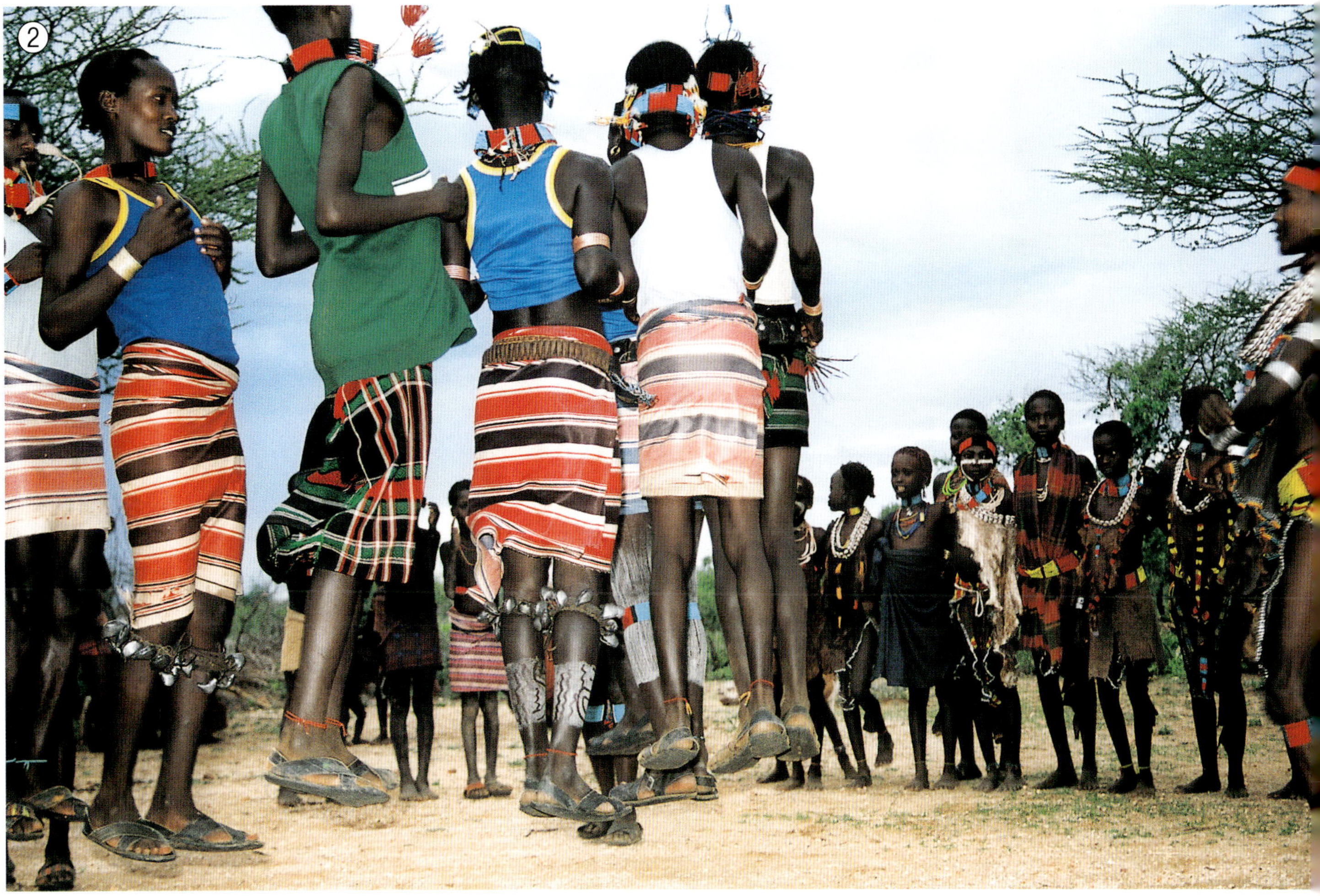
②

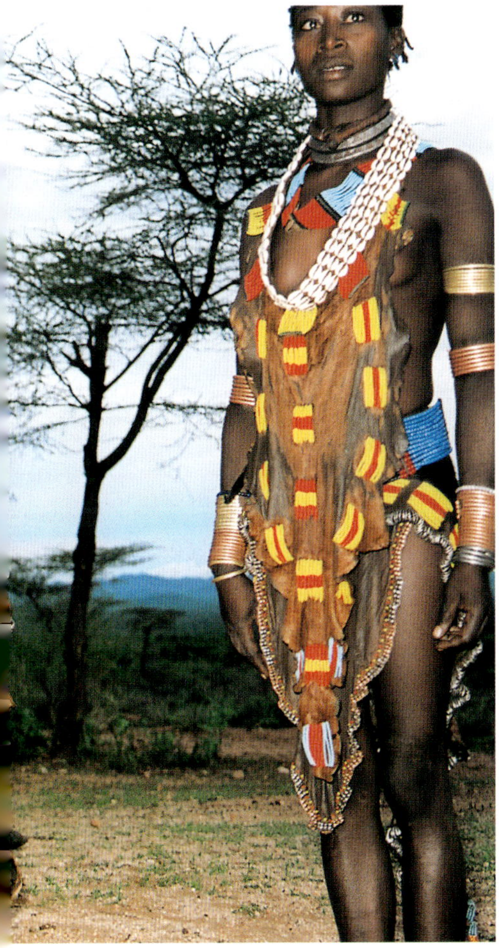

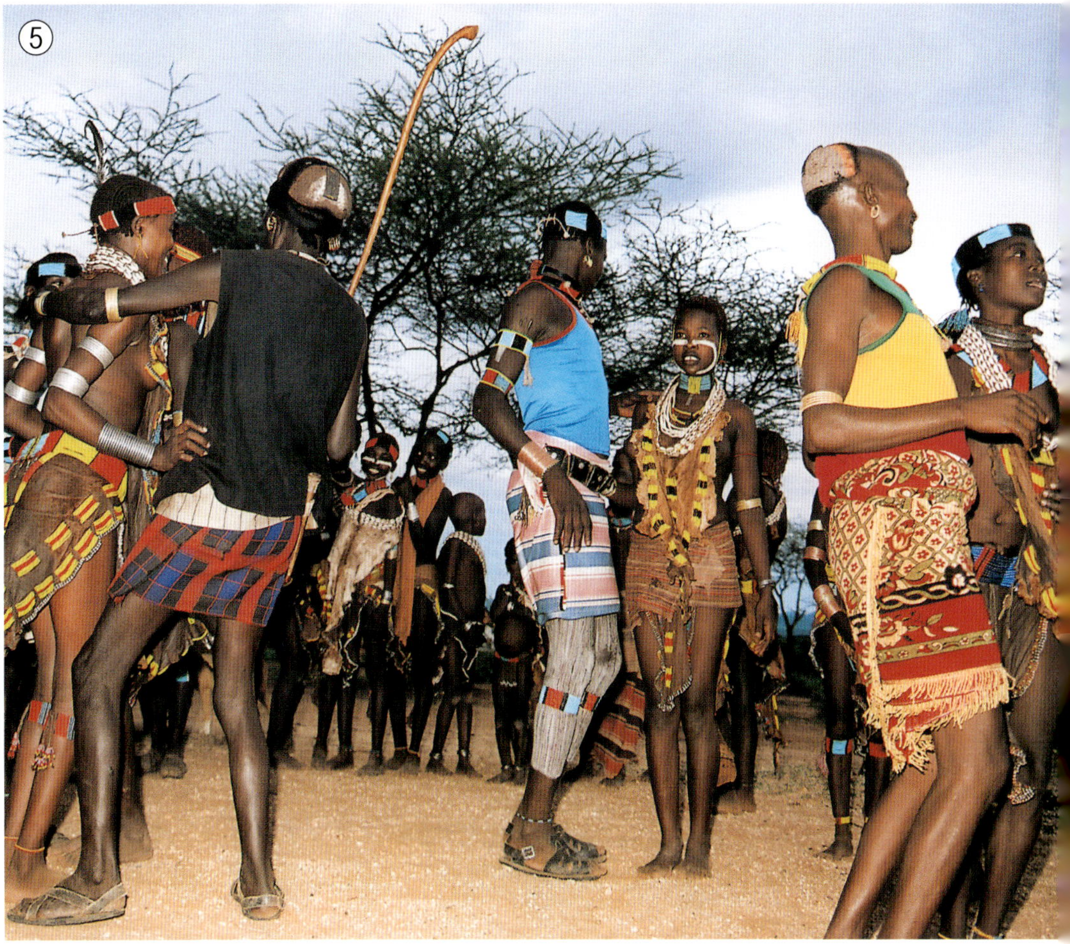
⑤

エルボレの少年と少女

　エルボレの人々もエチオピア南西部グレートリフトヴァレー（大地溝帯（ちこうたい））に住む遊牧民で，家はパピルスの茎（くき）で作る。少年は顔や上半身に白い点の模様を描（えが）く。これはこの付近でよく見られる ほろほろ鳥に似せたおしゃれだという。少女は黒いスカーフやスカートを身につけ，腕（うで）にはいくつかの輪をはめている。

ブメの女性

　エチオピア南西部のオモ川下流沿岸に住むブメの人々は遊牧民で，一定期間ごとに住む場所を変える。そのため住居は非常に簡素な造りである。

　ブメの女性は首に多くのネックレスを，腕には多くのブレスレットを着けており（左下の写真），寝（ね）るときもこれを外さないという。常に全財産を身に付けている。やぎ皮のスカートには銀の装飾品（そうしょく）がついているが，これも財産である。また彼等はほとんど加工していない石を使って，小麦を粉にする（下の写真）。石器（せっき）時代と変わらない生活をしている。

ツェマイの親子

　ツェマイの人々はエチオピア南西部グレートリフトヴァレーに住む少数民族の一つで，人口は約3,000人程である。彼等も遊牧民で，平素村には女性と子供しかいない（上の写真）。最近は農業を行う人も出てきて，定着する傾向にある。やぎ皮の長いスカートを身に着ける女性が多いが，上半身裸の女性もいる。
　子供は男も女も同じような髪型と服装なので，裸でない子供は区別がつけにくい（下の写真）。

71

ムルシの女性と男性

　エチオピア南西部にあるマゴ国立公園の内側および縁辺部に住むムルシの人々は，全部の村を合わせても5000人という少数民族である。彼等は遊牧民で，時折住む場所を変えるため，家は大変粗末である。
　ムルシの女性は20才になると，下唇に切り込みを入れて引き伸ばし，皿を入れる。皿が大きい程美人といわれる。また奇抜な姿をして驚かせようとする女性が多く，頭に とうもろこし や ひょうたん を載せたり，亀の甲羅や鉄釜を載せたりし，それぞれ個性のある身じたくを工夫している。一方男性は顔や体に白や赤のペイントをしたり，耳に大きな穴を開けて鉄の輪を下げていたりして，恐怖感を与えるような姿を装い，突然家から飛び出してきて，恐い顔をして銃口を向け，威嚇するようなこともする。女性でも銃を持つ人が多く，他の部族からは野蛮な部族と思われ，恐れられてきた伝統を，今でも引き継いでいる。

カロの男性と母子

　オモ川を背にして立つカロの男性は2mを超える長身で，銃と腰掛を持ち，上半身に白くペイントしている。この村の男性の多くは長身で頑強な体格であるが，女性は小柄な人が多い。

　カロの人々は遊牧民で，季節毎に住む場所を変えるので，住宅は木の枝や葉でつくるシンプルなものである。

　彼等の生活の舞台であるオモ川は，エチオピア高原に源を発し，エチオピア南西部を蛇行し，ケニア北部のトゥルカナ湖に注ぐ内陸河川である。その下流域は，アウストラロピテクスやホモ・ハビリスなどの骨の一部や石器類がここで発掘されたことで，世界遺産に登録されている。

MOROCCO

モロッコ王国

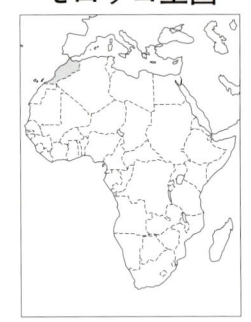

マラケシのジャマ・エル・フナ広場

　マラケシはフェスに次ぐ古い王都である。1062年にベルベル人のムラービト朝がこの地に首都を建設し，その後もムワッヒド朝・サアード朝の首都として栄え，サハラ砂漠横断の基地の役割も果たしたため，マグレブ地方（モロッコ・アルジェリア・チュニジアをマグレブ三国という）における文化・経済の中心舞台となってきた。

　マラケシのメディナ（旧市街）はマグレブ地方最大の規模を誇る。その中心となるのがジャマ・エル・フナ広場で，その北側に接するスーク（市場）の玄関口でもある。日暮れとともに，どこからともなく湧いてくるように人がこの広場に集まり，アクロバット・蛇遣い・講談師・占い師などを取り囲む。さまざまな民族・職業，老若男女の衣裳の色，民族音楽や笛・太鼓の音と騒音，屋台の肉を焼く匂いの洪水が視覚・聴覚・臭覚を刺激する。ここはリクリエーションの場であり，コミュニケーションの場であるのだ。これが毎日深夜まで続く。そのエネルギーに驚かされる。モロッコ南部の磁極のような存在なのである。マラケシのメディナは世界遺産に登録されている。

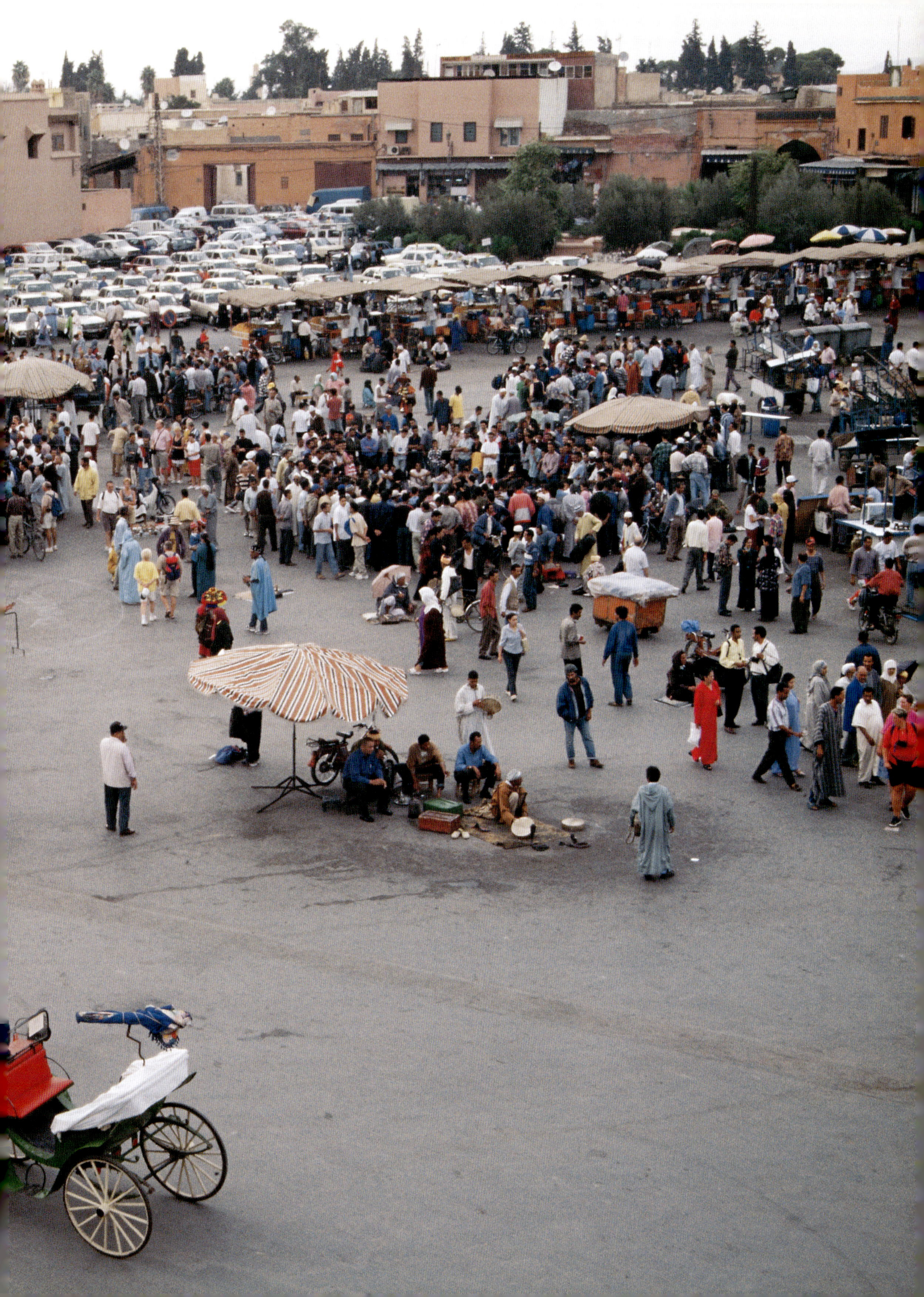

マラケシのメディナ（旧市街）

　新市街から城門を通ってメディナに入ると、雰囲気が一変する。狭い路地が網の目のように広がり、人々の息遣いが聞こえるような世界に入り込む。しかし路地の狭さや袋小路の多さで知られるフェスのメディナに比べれば、マラケシでは道幅は広く華やかで暗さはなく、歩いているうちになぜかジャマ・エル・フナ広場に戻ってきてしまう。

　メディナの中心部を占めるスーク（市場）は、元々職種ごとに住み分けた職人の街である。左の写真のような金物屋が、この辺りに数十軒も軒を連ねているが、どの店も工場と店舗を兼ねているので、店先で職人の作業を見ているだけで楽しい。

カサブランカのハッサンⅡ世モスク

　カサブランカは，12世紀にはすでに貿易港として栄え，20世紀初頭のフランス占領後に近代化を進め，モロッコ最大のビジネス都市になった。ヨーロッパの大都市と異なる点は，街の中心部に城壁に囲まれたメディナがあり，その中にはモスクやスークがあって，伝統的な服を着た女性が行き交い，エキゾチックな雰囲気を醸し出していることである。この街に1986年から8年がかりで建設され，モスク内に2万人，敷地内には8万人が収容できるモロッコ最大のモスクがある。ミナレット（尖塔）の高さは200mで，世界で最も高い。外壁にも内側にも緻密な彫り模様が施され，芸術的価値も高い。

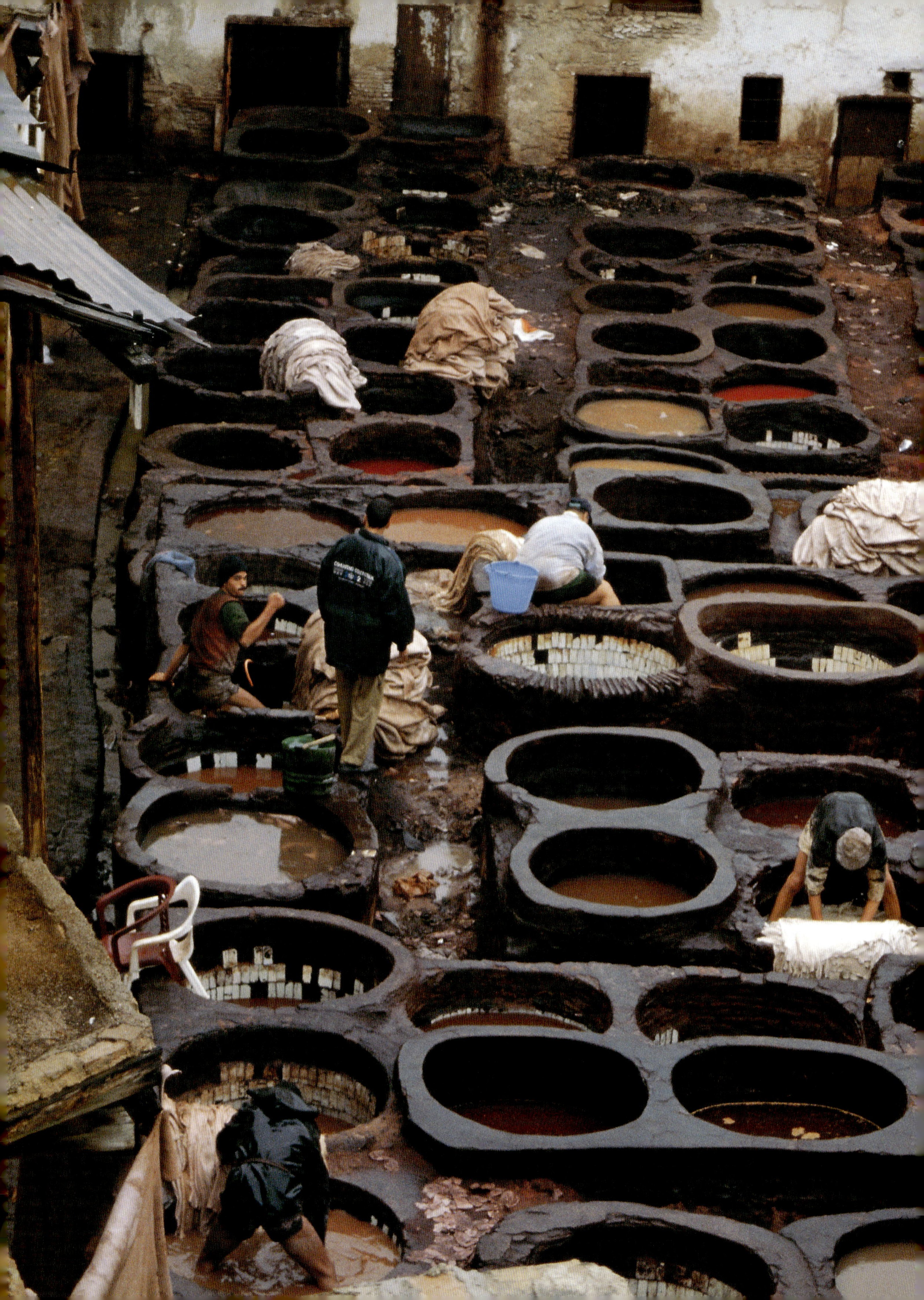

フェスのタンネリ

　フェスはモロッコ最古の王都である。9世紀初頭，イドリース朝がこの地に都を建設し，13世紀にはマリーン朝がこれに隣接した場所に新たに王都を建設した。前者はフェス・エルバリ，後者はフェス・エルジェディードと呼ばれ，いずれも城壁に囲まれたメディナ（旧市街）である。この地域は世界遺産に登録されている。モロッコが1912年にフランスの保護領になったあと，旧市街の南側に近代的都市計画に基づいて建設された地域が新市街である。フェスの特色は歴史的建造物が多いメディナにある。坂が多い石畳の狭い道が迷路のように続き（下の写真），袋小路も多い。タンネリ（なめし革染色職人街）はそのような街の中にある。ここに近付くと猛烈な悪臭が鼻を突き，それを頼りに迷わずに行き着くことができる。なめし革の染色は代表的な伝統工芸であるため，このような景観が保存されている。

水汲みの少女たち

　この村の住人は丘の麓近くに新たに造られた村に移住したが，現在でも数家族がここに住み続けている。水汲みは子供の仕事としているところが多いが，毎日新しい村の井戸まで水汲みに行かなくてはならないここの少女たちにとっては，かなりの大仕事である。

アイット・ベンハドゥ

　モロッコの北東から南西へと続き，この国を二つの地域に分けるアトラス山脈，その南側はサハラ砂漠が広がり，大自然の圧倒的な存在感の前に，アラブ文化・イスラームは影をひそめる。そんな印象のアイット・ベンハドゥはサハラ砂漠の西側入口近くにある。丘の斜面に日干しれんがで造った古いカスバ（要塞）化された村で，高い城壁で囲み，塔の上部には銃の小窓が並んでいる。村内の道は迷路のように入り組んでいる。これらはメディナ（旧市街）ともスーク（市場）とも異なる。この村は1987年に世界遺産に登録された。また，映画「アラビアのロレンス」の撮影地になったことでも知られている。

ベルベル人の母と子

　モロッコの先住民ベルベル人は，7世紀から8世紀にかけてイスラームを掲げて進攻してきたアラブ人に征服され，イスラーム化が進んだ。11世紀以降，ベルベル人のイスラーム王朝の興亡が続いたが，徐々にアラブ人との融合が進んでいる。現在は文化の面でも，政治・経済を握るのもアラブ人で，実質的にアラブ人が国を支配し，ベルベル人の多くは山地や砂漠でひっそりと暮らしている。家路を急ぐベルベル人の母と子の背中に寂しさが漂っている。

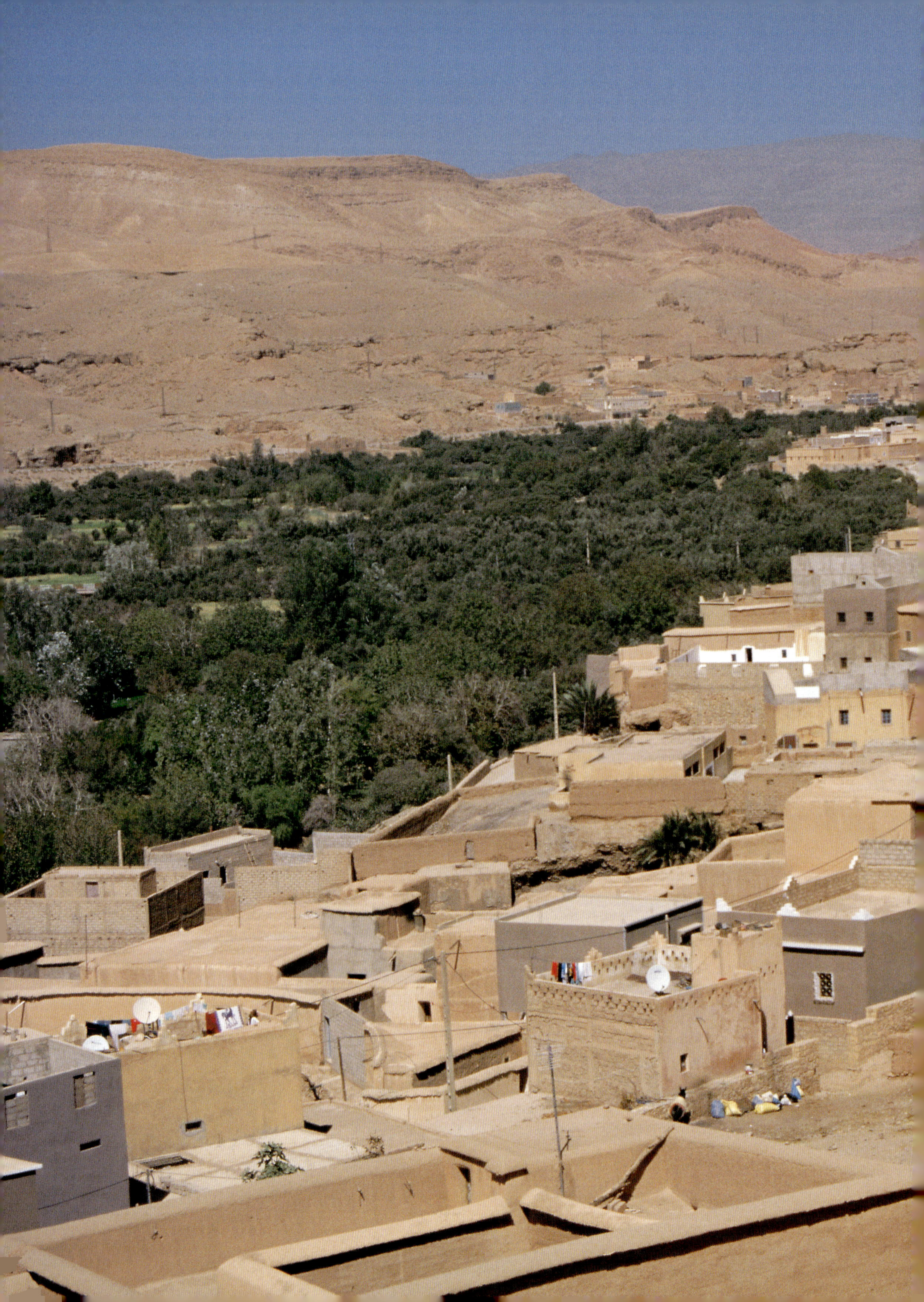

カスバ街道のオアシス，ブゥマンデュダデス

　モロッコでは，アトラス山脈の北側に大都市と耕地が集中し，南側は砂漠である。山脈での降水は麓にいくつものオアシスを育み，そこに住むベルベル人はカスバ（要塞）をつくり，オアシス農業を営み，隊商による交易を担ってきた。山脈南麓沿いのワルザザートからエルラシディアまでの間には多くのカスバが残されていることから「カスバ街道」と呼ばれている。写真はその代表的なオアシスで，町の中央にある広場で開かれているマーケットを見れば，かなり大きなオアシスであることがわかる。このオアシスの中心部を占めるなつめやしの緑が，昔も今も訪問者に安堵感を与えてくれる。

TUNISIA

チュニジア共和国

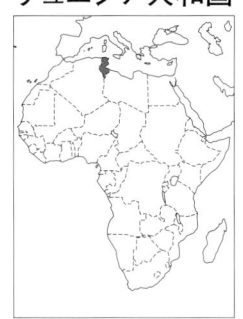

カルタゴ，ビュルサの丘

　チュニジアの首都チュニスの東郊外には，地中海に沿って高級住宅地が広がっているが，その中にローマ時代の浴場・劇場・住宅・円形闘技場などの遺跡が点在している。ビュルサの丘もその中にある。

　伝説によれば，フェニキアの王女エリッサによりカルタゴの町が建設されたのは紀元前814年である。その後この町は海上貿易などで繁栄を極め，ビュルサの丘には数階建ての住宅が建ち並ぶ町の中心部になっていた。紀元前3世紀には，イタリア半島を統一して地中海に勢力を拡大してきたローマと衝突し，3回にわたるポエニ戦争を戦い，カルタゴは敗北した。3回目の戦争では，3年間の籠城の末，町に火を放たれ，ついに陥落した。その時ローマ軍は徹底的に町を破壊し，廃墟に塩を撒いて草木も生えないようにし，ここでの人の生活を許さなかった。ローマは100年以上経てから，ここに植民都市を建設した。写真中央部の黒ずんだ石はカルタゴ時代の住居跡で，その背後の一段高い地面や太い角柱の上の面はローマ時代に建造物が建てられた地面の高さである。ローマはカルタゴの廃墟を埋め立てて，その上にローマの都市を建設したのである。

84

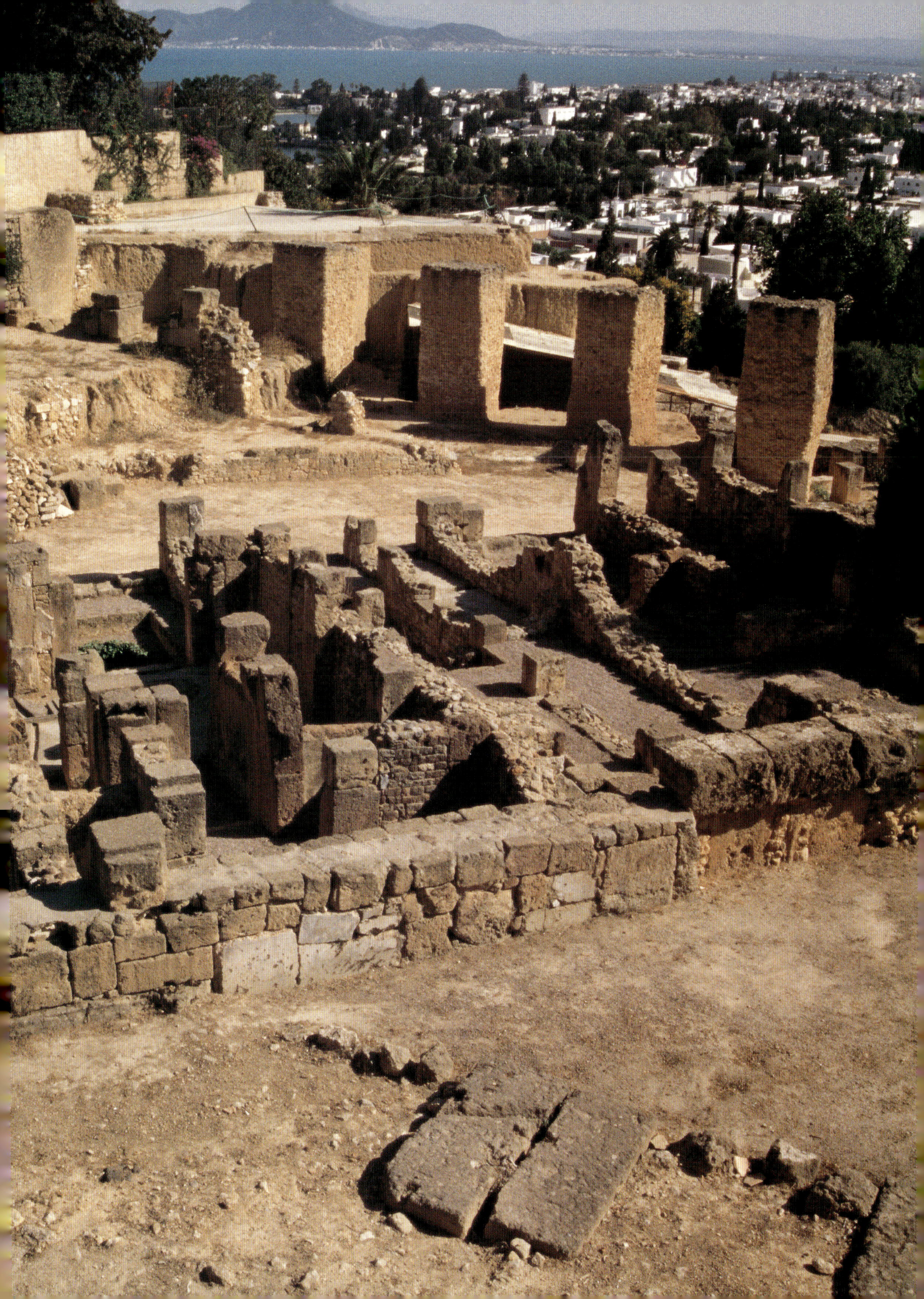

カルタゴ軍港跡

　この円形の池は，古代カルタゴの繁栄を支えた軍港の跡である。直径300m，220隻の船を係留でき，このすぐ西側にあった商業港と共に，交易立国カルタゴの重要な役割を果たしたが，第３次ポエニ戦争の敗戦の後は，港は荒廃した。ローマ支配の時代に一時再建されたが，徐々に忘れられた存在になった。今，水遊びに興じる少年たちは，この池の歴史的意義を知っているのだろうか。

ビーチリゾート，ハンマメット

　チュニスの南東約60km，ハンマメット湾岸にこのビーチリゾートがある。ハンマメットはローマ時代に植民市として開かれ，その後さまざまな民族に侵入，占領され，町の改造が行われてきた。アラブ時代にはメディナ（旧市街）が造られ，カスバ（要塞）が建てられた。フランス植民地時代にはリゾートとして整備され，ヨーロッパの著名な作家や芸術家がここをよく訪れるようになった。写真はカスバから見た海岸である。

地中海の観光地，シディ・ブ・サイド

　カルタゴに隣接したチュニス湾岸の町，シディ・ブ・サイドは，チュニジアで最も美しい町の一つといわれる。白壁の家々とチュニジアンブルーのドアや窓枠が特徴で，地中海と空のブルーが相まって，エーゲ海のどこかの島にいるように錯覚し，開放感を感じてしまう。ここはイスラーム地域であるが，それ以前に地中海地域であることを，改めて認識させられる。

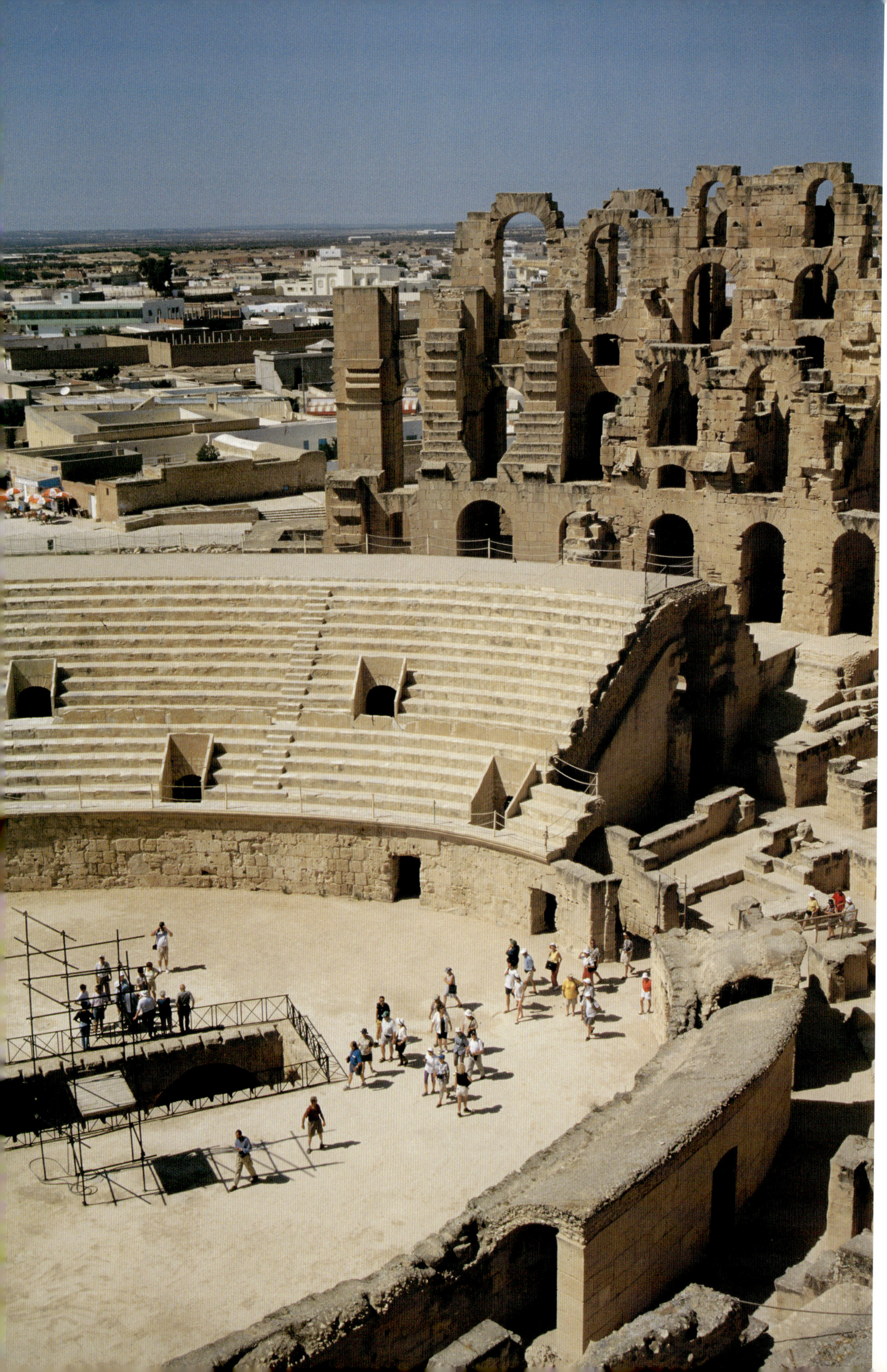

ルジェムの円形闘技場

　紀元後，ローマは地中海沿岸各地に巨大建造物を次々と建て，ローマ化を浸透させていった。その一環として，エルジェムには230年にコロッセウム（円形闘技場，左ページ写真）を建設した。これはコロッセオのベスト3に入るほどの規模で，現在の保存状態もよい。

　チュニジアは地中海のほぼ中央という地理的位置故に，フェニキア，ローマ，ビザンツ，イスラーム，トルコ，フランスなど多くの民族・文化が進入，交錯し，この地に文明の層をつくってきた。そのため，歴史的建造物や遺跡が数多く存在し，現在七つの世界文化遺産が登録されている。前出のカルタゴ遺跡のほかに，左ページのエルジェム円形闘技場とこのページのドゥッガ遺跡は代表的ローマ遺跡として，次ページのカイルアンのメディナ（旧市街）は代表的イスラーム文化としてそれぞれ世界遺産に登録されている。

ドゥッガのローマ遺跡

　チュニジアにはいくつものローマ遺跡があるが，ドゥッガにはその中でも最大の規模をもつ都市遺跡がある。神殿とフォーラム（広場）を中心にして，マーケットや住宅のほか浴場とそれに隣接した売春宿もあり，その周囲には劇場，円形闘技場，貯水池と水道の遺溝も残っている。メインストリート沿いに水洗式の公衆トイレ（下の写真）もあり，ローマの文化水準の高さを示している。

89

カイルワンのグランモスク

　カイルワンは，マグレブ地方征服のためにウマイヤ朝から派遣された総督ウクバ＝イブン＝ナーフィによって7世紀に建設された北アフリカ最初のイスラーム都市である。その後も各王朝の首都として栄えた。メディナ（旧市街）にあるグランモスク（上の写真）は北アフリカで最初に建設されたモスクである。11世紀にベドウィンの侵入により町が破壊されて衰えたが，現在でもイスラーム世界では，メッカ，メディナ，エルサレムに次いで4番目に重要な聖都になっている。このような歴史から，メディナ（旧市街）では伝統工芸が継承され，今でもカーペットや陶器などの伝統工芸品を売る店（左の写真）が多い。

ザグーアンの水道橋

　チュニジアには，チュニスの南にあるザグーアン山からカルタゴまで，全長132kmという世界最長のローマ水道がある。地下水路になっている部分が多いが，地下であれ，地上であれ，自然の勾配を利用して水を流すには，距離が長いため，高度の測量技術・土木技術が必要で，2世紀にそれを実現したことに驚嘆させられる。カルタゴのアントニヌスの大浴場は，100室を超える部屋がある大理石造りの豪華な施設であった。ザグーアンの水はここで使われて，市民を楽しませていたのである。

グランモスク前の憩いの場所

　グランモスクはカスバ（要塞）を思わせる外壁に囲まれている。この外壁がつくる日陰は、近隣住民の憩いと情報交換の場所になっている。モスクの入口は9箇所あるが、この道路の入口がメインゲートで、異教徒が入れるのはここだけであることから、みやげ物屋もここだけにある。しかし店番の人はいつもいない。日陰でくつろいでいるので、客がみやげ物の品選びをすれば店番は近付いてくる。こんなのんびりとした生活が彼等の日常なのである。ここだけは時間がゆっくり流れている。

丘上の村，タメズレット

　地中海沿岸地方にはリゾートが多く，明るいイメージがあるが，その一方で内陸地方には不毛の乾燥地が広がっている。サハラ砂漠の外縁部に当たるこの辺りは岩石砂漠で，緑はほとんど見えない。そんな自然環境の中にある丘上集落タメズレットに住む人たちは，水を得るために遠くの井戸まで行かなくてはならない。他民族の侵略から逃れるため，生活上の便を犠牲にしても，防御上有利な場所を生活の場にしなければならなかったのだろう。

マトマタの穴居住宅

　北アフリカの先住民ベルベル人が，12～13世紀にアラブ人に追われ，身を隠すためにこの地に穴を掘って住んだのが，穴居住宅の始まりであるが，この地の地下環境が住むに適していたことが，多くの穴居住宅を生むことになった。雨の少ない地域で乾燥しているため，地下はじめじめすることはなく，夏は強い日差しを避け，冬は暖かい特性が生かされている。この地には750程の穴が掘られているが，その3分の2近くは現在も住宅として利用されている。穴居住宅は地上から大きな穴を掘って，底に当たるところを中庭とし，その周囲に横穴を掘って寝室・台所などを造り，近くの谷やくぼ地に横穴を繋いで出入口にする形が多い。この地の風土に合った生活様式といえども，ここの住民の生活水準の低さは気になる。

タメルザ渓谷

　チュニジア西部，アルジェリアとの国境近くに，峨々とした岩山と強い力で浸食されてできた渓谷がある。この渓谷にあったオアシスの村は，50年程前の大洪水によって破壊され，近くに新しい村が造られている。突然現れる荒々しい渓谷は，茫漠とした砂漠や塩湖が続く風景を見続けてきた目には新鮮に映る。しかし，落ち着いて見れば，他の観光地に比べ，観光地の規模もみやげ物屋の観光客数も比べものにならない。やはり山地や砂漠に住むベルベル人の衰れさを感じてしまう。

EGYPT

エジプト・アラブ共和国

日没後のナイル川

　古代から「エジプトはナイルの賜」といわれてきたが，現在，古代文明を代表するピラミッドとそれを育んだナイル川をここカイロで一緒に見たいと考え，カイロの中心部，ナイル川の右岸にあるホテルの18階から，日没直後に西南西の方向を撮った。残照を映したナイル川は美しかったが，世界で最も長い河川にしては川幅が狭いと思った。そしてまだ明るい西の空にギザのピラミッドが（写真中央のビルとビルの間に）小さな二つの三角形のシルエットを映した。ピラミッド建設当時はピラミッド近くを流れていたという説もあるが，現在は約13km離れたナイル川とピラミッドを同時に見られたのは幸運だった。なぜなら，朝は立ち込める霧で，昼は風による砂塵で，夕方も砂塵や雲で，再びこのシルエットを見ることはできなかったからである。

カイロ，イスラーム地区の繁華街

　カイロの中心部より東側に，9世紀以降建てられた数多くのモスクを中心に，城塞やバザール（市場）などイスラーム文化を伝える建造物や街並みがある。このイスラーム地区は世界遺産に登録されている。

　イスラーム地区の中央部にあるフセイン広場には数軒の喫茶店があり，店の外側のテーブルはとくに人気があって，いつも込んでいる（上の写真）。ここでは観光客だけでなく，イスラーム圏では珍しく，地元の女性もおしゃべりをし，開放感を楽しんでいる。フセイン広場のすぐ裏にはハーン・ハリーリバザールがある（右の写真）。400年以上の歴史があり，みやげ物店が多いため，呼込みの声が飛び交い，にぎやかな所である。

ムハンマド＝アリーモスク（カイロ）

　カイロは10世紀のファーティマ朝から13世紀のマムルーク朝にかけて，イスラーム世界の中心として繁栄し，その後オスマン朝やフランスの侵略を受けたが，ムハンマド＝アリーがエジプトの近代化に取り組むなどして発展を続け，カイロは「1000のミナレット（尖塔）の街」といわれている。このモスクはムハンマド＝アリーがイスタンブールのモスクの様式を取り入れて1857年に完成させたモスクで，内装も大きなシャンデリアやステンドグラスなど大変豪華である。広い室内では，見物する人に混ざって，片隅で一心に礼拝する家族もいる（左下の写真）。一方，モスクの入口には，参拝に訪れた市内の家族が子供の仮装を楽しむ姿があった（右下の写真）。これは参拝が日常化していることの現れであろう。

ギザのピラミッド

　あまりにも有名な世界遺産であるギザのピラミッドは，約4500年前の古代エジプト王国第四王朝の時代に建設された。写真右がクフ王のピラミッド，左がカフラー王のピラミッドとスフィンクスである。ギザにはメンカウラー王のピラミッドもある。ギザの南のサッカラにはギザのピラミッドより古いジェセル王の階段ピラミッド，ダハシュールにはスネフル王の屈折ピラミッドなど多くのピラミッドが発見されている。これらの地域は，古代エジプト王国の首都メンフィス（カイロの南約20km）の周辺にあたり，いずれもナイル川西岸である。発見されたピラミッドの中では，クフ王のピラミッドが最も大きい。

> **豆知識**　クフ王のピラミッド
>
> 　近くで見るピラミッドは意外に急傾斜である。つの石は平均2.5tの重さがある。トラックやクレンがない時代に，石切場からここまで運び，230個も正確に正四角錐に積み上げたことに，驚きをえて，不思議さを感じてしまう。このピラミッド建設には，10万人の労働者が毎年3ヶ月ずつ働い20年かかったといわれる。このピラミッドの高さ137m，1辺の長さは227mあるが，建設当時は高146m，1辺の長さは230mであった。それは当表面は石灰岩の化粧石で覆われて，凹凸のない正角錐になっていたが，化粧石はすべて盗まれてしい，巨大な石が露出した状態になって，ひとまわ小さくなってしまったのである。なお，カフラーのピラミッドの頂上付近には，化粧石が残ってい

古代の石切場

　カイロ市内イスラーム地区の東にモカッタムの丘があるが，その一角に十字軍を破ったアラブ世界の英雄サラディンが建設した城塞シタデルがある。そのすぐ隣にピラミッドに使う石を切り出した古代の石切場がある。切った石を運び下ろしたスロープも残っている。石を切り出して平らになった頂上は，通信用の鉄塔を設置する場所として利用されている。

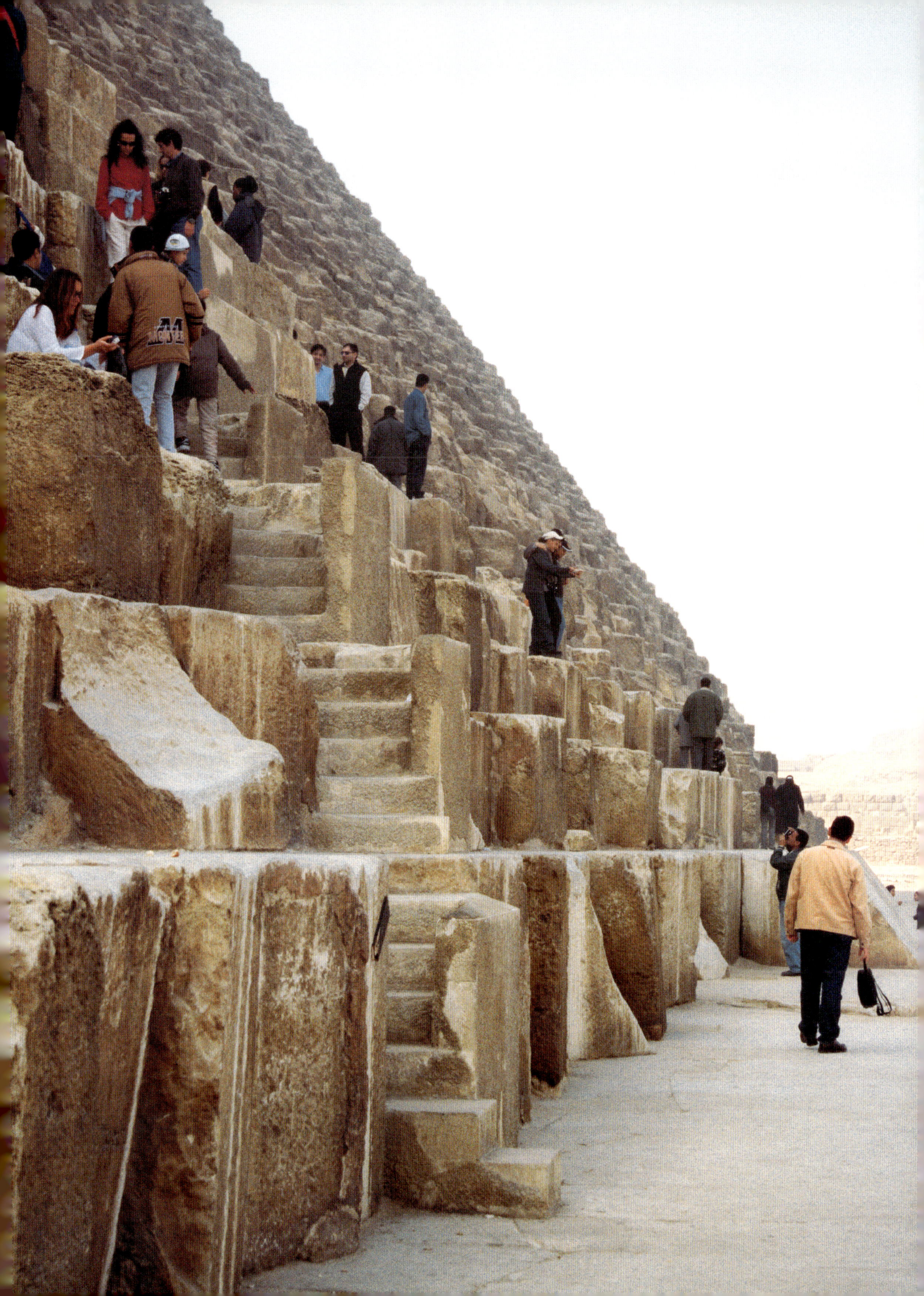

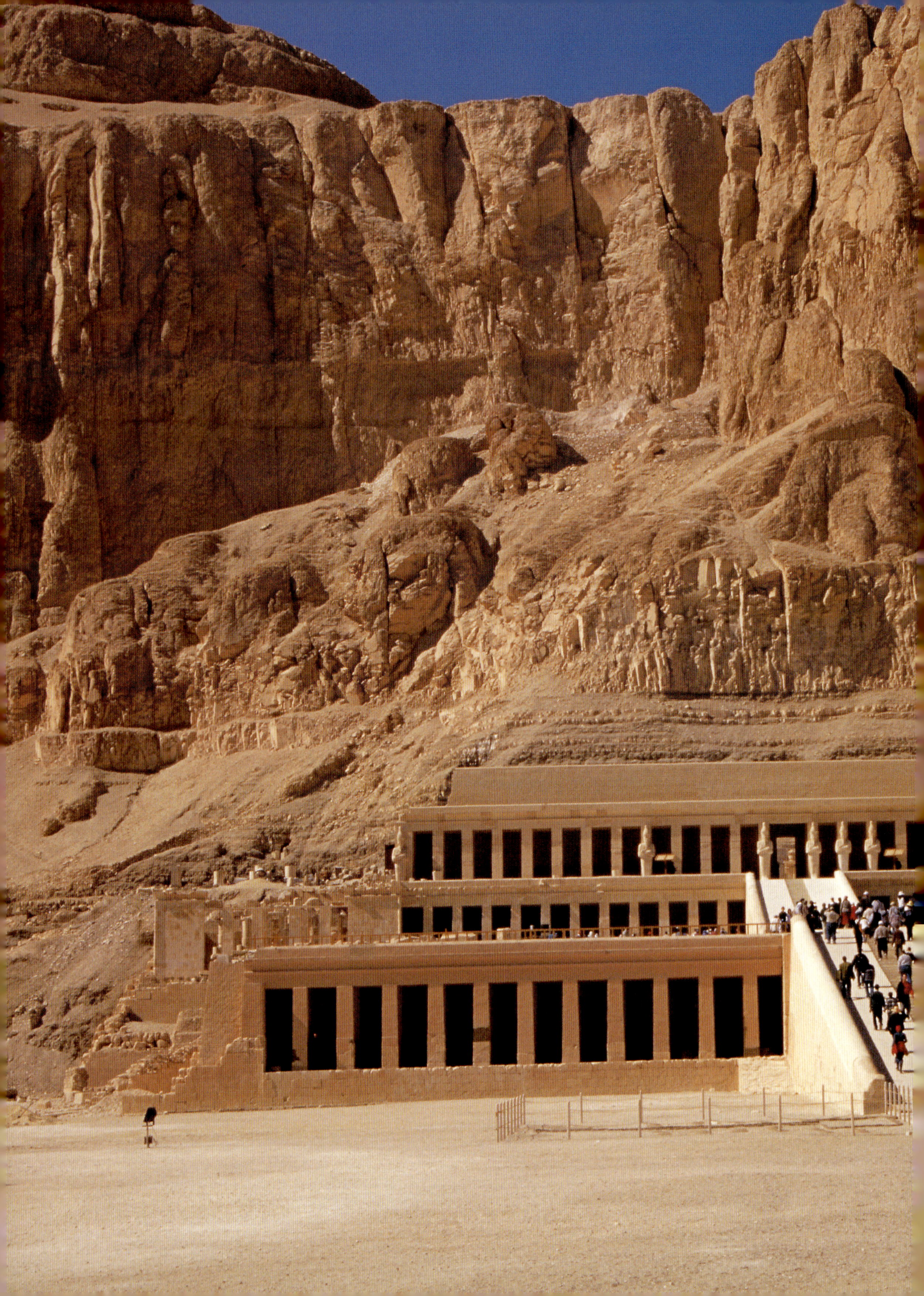

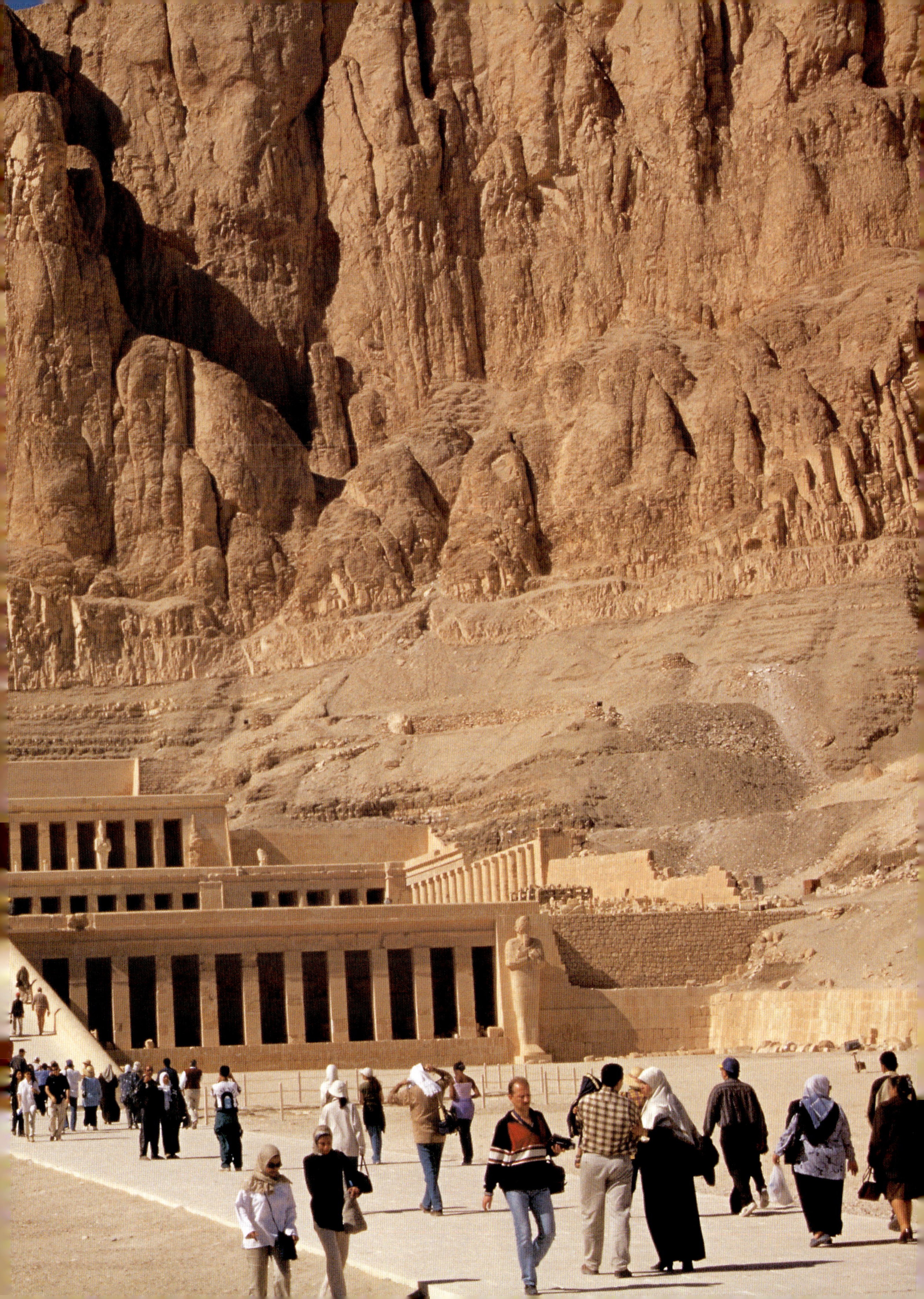

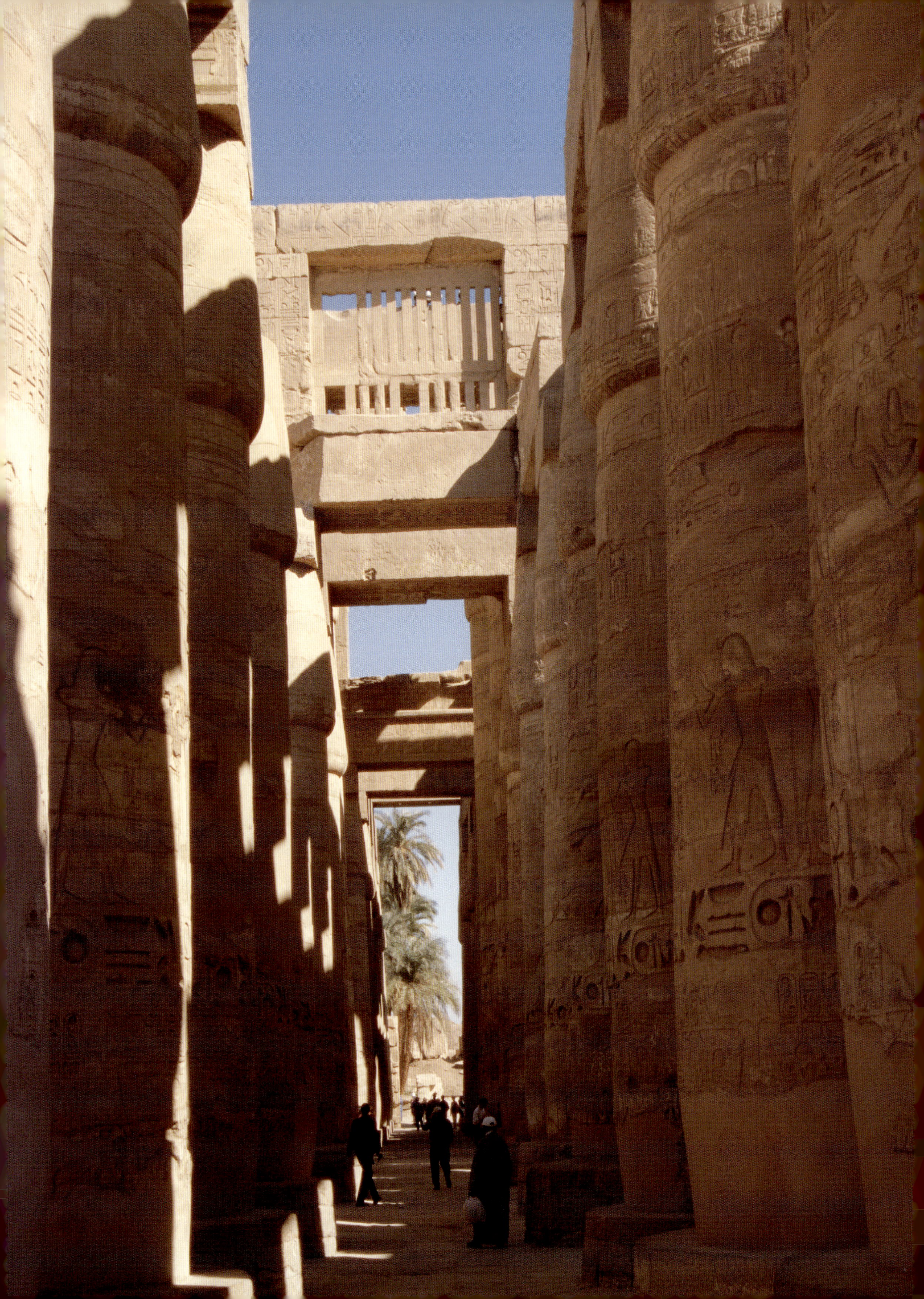

ルクソール神殿（ルクソール）

　カルナック神殿の中心部を占めるアモン大神殿の付属神殿として建設された。かつてはカルナック神殿から3kmの参道が続いていた。多くの彫像とオベリスク（方尖塔）・列柱が残されているが，立像が壊されたり，オベリスクが持ち出されたり（パリのコンコルド広場にあるオベリスクは，元々ここにあったもの）している。

カルナック神殿（ルクソール）

　新王国時代の「王の中の王」といわれた王がラメセスⅡ世である。彼は自己顕示欲の強い人で，ヒッタイトとカデシュで戦ったあと，エジプト中にいくつもの神殿を建てた。カルナック神殿は彼の父セティⅠ世の代に建設を始め，彼が完成させたが，セティⅠ世の銘をどこにも残さず，神の像に並べて自分の像を描き，自分の名を刻んだ。この列柱室には23mと15mの巨大な柱が134本もある。そしてそのすべてに彫刻が施され，彩色されていた。王の富と権力をまざまざと見せつける建造物である。

〈100-101ページの写真の説明〉

ハトシェプスト葬祭殿（ルクソール）

　紀元前22世紀に首都をナイル川下流のメンフィスから中流のテーベ（現在のルクソール）に移し，エジプトを再統一したが，紀元前18世紀になると他民族ヒクソスの侵入などで再び混乱し，紀元前16世紀になってようやくヒクソスを追放し，新王国時代が始まった。この時代の初期に活躍したトトメスⅠ世はテーベのナイル川西岸に初めて墓を造った。その娘ハトシェプストはエジプト史上最初の女王となり，テーベ西岸に葬祭殿を建設した。3500年も前に建てられたものとは思えないほど整った形を残している。

アスワンの船着場

　エジプト古王国時代には，アスワンから南はヌビア人の支配地域であった。アスワンの船着場でみやげ物を売る人は，顔だちや肌の色から明らかにヌビア人とわかる。品定めをする客はトルコ系のエジプト人と思われる。売り手と買い手のおだやかな値段交渉はカイロのバザール（市場）とは雰囲気がちがう。上エジプトと下エジプトを代表するヌビア人と非ヌビア人は，いろいろな意味で対照的である。

> **豆知識** アスワンハイダムに関わる深刻な問題
>
> 　ダムが完成すると，さまざまな問題点も浮かび上がってきた。洪水から解放された代わりに，揚水ポンプや通年灌漑用水路が新たに必要になり，上流から肥沃な泥土が運ばれなくなったために，化学肥料を施さなければならなくなった。その化学肥料を作るために必要な電力は，このダムの発電量ではまかなえないといわれている。また洪水がなくなってから，下流域の地中深くにある塩分がしみ出してきて，塩害が起こるようになった。さらに，沿岸で洪水によって流されていた寄生虫を宿す巻貝が流されなくなったので，寄生虫病が発生・蔓延するようになった。河口の三角州は上流から泥土が運ばれなくなったことで，消滅しつつあり，上流から有機物の供給がなくなったために，プランクトンが少なくなり，河口付近の漁業に致命的な打撃を与えている。

アスワンハイダム

　かつてのナイル川は毎年規則的に氾濫を起こした。この洪水によって，上流の有機物を運び，肥沃な土壌を農地に残し，灌漑用水池に水を残した。すなわち，洪水は農地に肥料と水を供給し続けてきた。5000年の間，自然の恩恵がナイル川沿岸の人々の生活を支え，文明を育んできたのである。
　しかし，ナイル川の水をより有効に使うため，巨大なダムを造り，洪水灌漑から通年灌漑にすることで一毛作を二毛作にし，ダム湖に溜めた水を有効に使うことで厖大な農地の拡大を計る。その上，ダムで得られる電力を都市や農村に送って生活向上と農業の発展を目論んだ。この巨大なダムは，アスワンの町のやや上流に，1972年に完成した。幅3.5km，高さ111mもある。写真の左側が上流のナセル湖で，全長500km，国境を越えてスーダン領にも人造湖が続く。その貯水容量は1630億m³，発電能力は年間100億kW時という世界最大級のダムである。

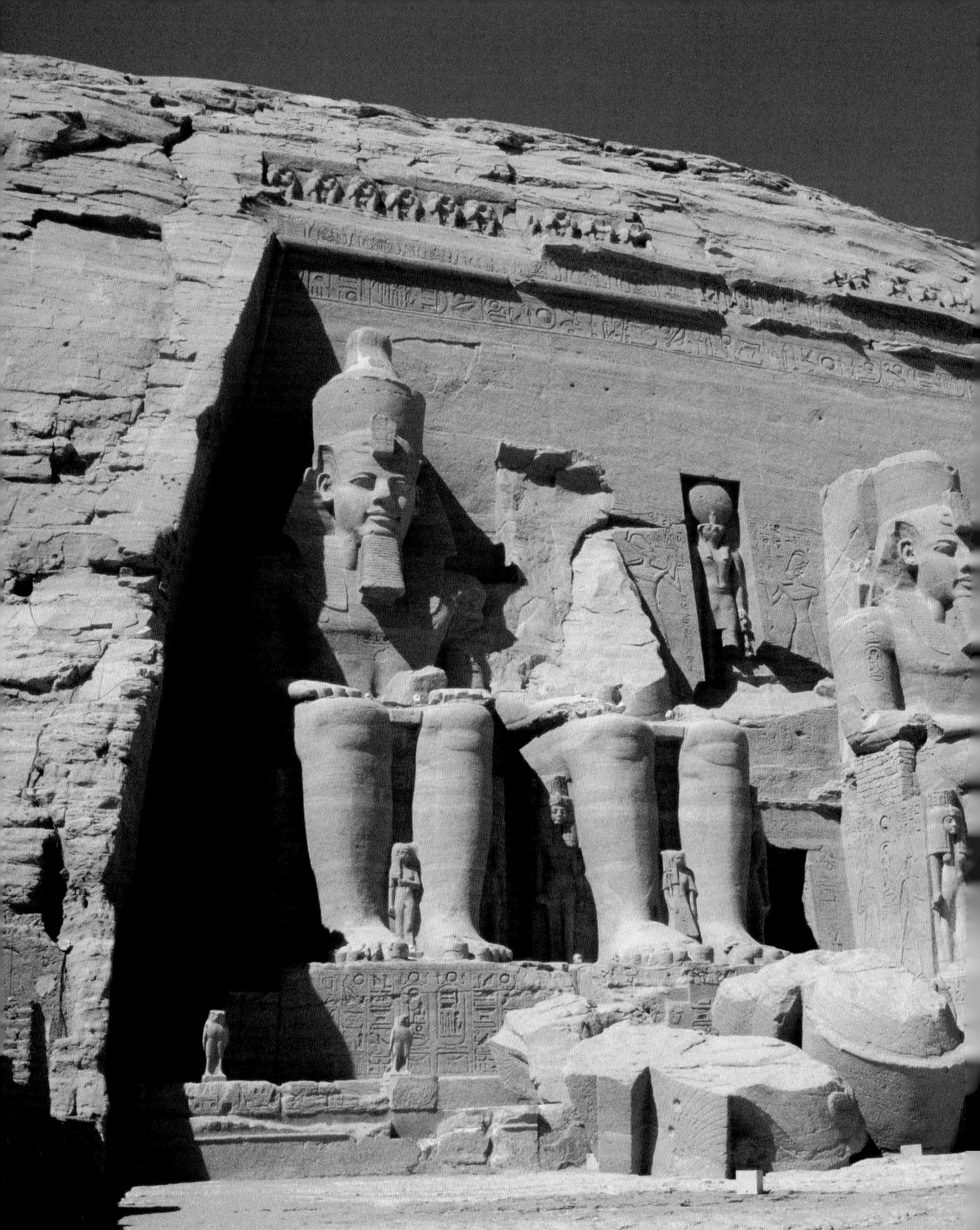

アブシンベル大神殿（アブシンベル）

　紀元前13世紀にラメセスⅡ世が建造した神殿である。1960年にアスワンハイダム建設により，神殿が水没の危機にさらされた。ユネスコは直ちに遺跡救済に立ちあがった。神殿を16,000個のブロックに分割し，クレーンで64m高い場所に移すという大がかりな工事になった。砂岩で損傷しやすいため，ハンマーだけでていねいに分割し，組み立ては合成樹脂を注入して強度を増し，強力な接着剤で正確に接着した。上の空中写真を見るとわかりやすいが，大神殿は停泊中の船の手前の岬のすぐ先の場所より，神殿の向きを変えずに移転した。空中写真の右側に見える小神殿は中央の幅広い岬のすぐ先の場所より移転した。いずれも水平距離は150mほどの移動であった。

　大神殿の正面にある高さ20mの4体の座像も，内部の列柱室にある高さ10mの8体の立像も，最も奥の至聖所にある4体の座像のうち1体も，また妻ネフェルタリのために建造した小神殿の正面の立像6体のうち4体もいずれもラメセスⅡ世の像で，彼の性格を物語っている。

107

アインムーサ（シナイ半島西岸）

　エジプトといえば、ピラミッドや神殿などナイル川沿岸の遺跡がすぐに頭に浮かぶが、それだけでない。シナイ半島には旧約聖書にある出エジプト記の舞台となった場所がいくつも残されている。その中の一つ、アインムーサはシナイ半島西岸にあり、モーゼがエジプトを脱出して、最初の宿営地としたところで、苦くて飲めない泉にモーゼが杖を投げ入れて甘い水に変えたといわれたところである。現在は泉は枯れ、観光客は少ないさびれた遺跡になっている（右の写真）。この付近はベドウィンが住んでおり、遺跡の入口付近で、ベドウィンの母子がアクセサリーを売る寂しい姿があった（上の写真）。

シャルム アル シェイク（シナイ半島東岸）

　シナイ半島は1982年にイスラエルから返還されてエジプト領になったが，シナイ半島南端に近い東岸にあるシャルム アル シェイクはイスラエル占領時代に造られた新しいリゾートで（左の写真），高級ホテルが乱立し，ダイビングやシュノーケリングの基地として観光客が集まり，そのため物価が大変高いところである。ホテルの庭ではチェスなどで優雅に遊ぶ姿が見られる（上の写真）。アカバ湾を跨いで，サウジアラビアと橋で結ぶ計画もある。

TURKEY

トルコ共和国

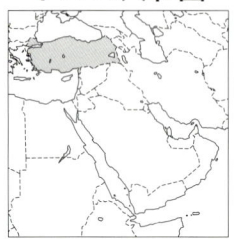

ブルーモスク（イスタンブール）

　イスタンブールは4世紀から20世紀にかけて，1600年間も大国の首都として君臨し続けた都市である。すなわち，330年にローマ皇帝コンスタンティヌス帝がこの地に都を移してコンスタンティノープルと改名し，395年にローマ帝国が東西に分裂し，東ローマ（ビザンツ）帝国の首都として繁栄した。このキリスト教国家に対して，イスラーム国家オスマン帝国は15世紀中頃この都を占領し，イスタンブールと改名し，領土を拡大して，メソポタミアから北アフリカ，バルカン半島におよぶオスマン帝国の首都としてさらに繁栄を続けた。第一次世界大戦後にトルコ共和国が誕生して，首都をアンカラに移した1923年まで，イスタンブールは首都であり続けた。

　イスタンブールを代表するモスクが，17世紀初頭にアフメトⅠ世によって建設されたブルーモスクである。正式にはスルタン=アフメト=ジャミイという。内部には青いタイルが使われているためブルーモスクの愛称が使われている。このモスクは姿が美しく，世界で唯一6本のミナレット（尖塔）を持っている。

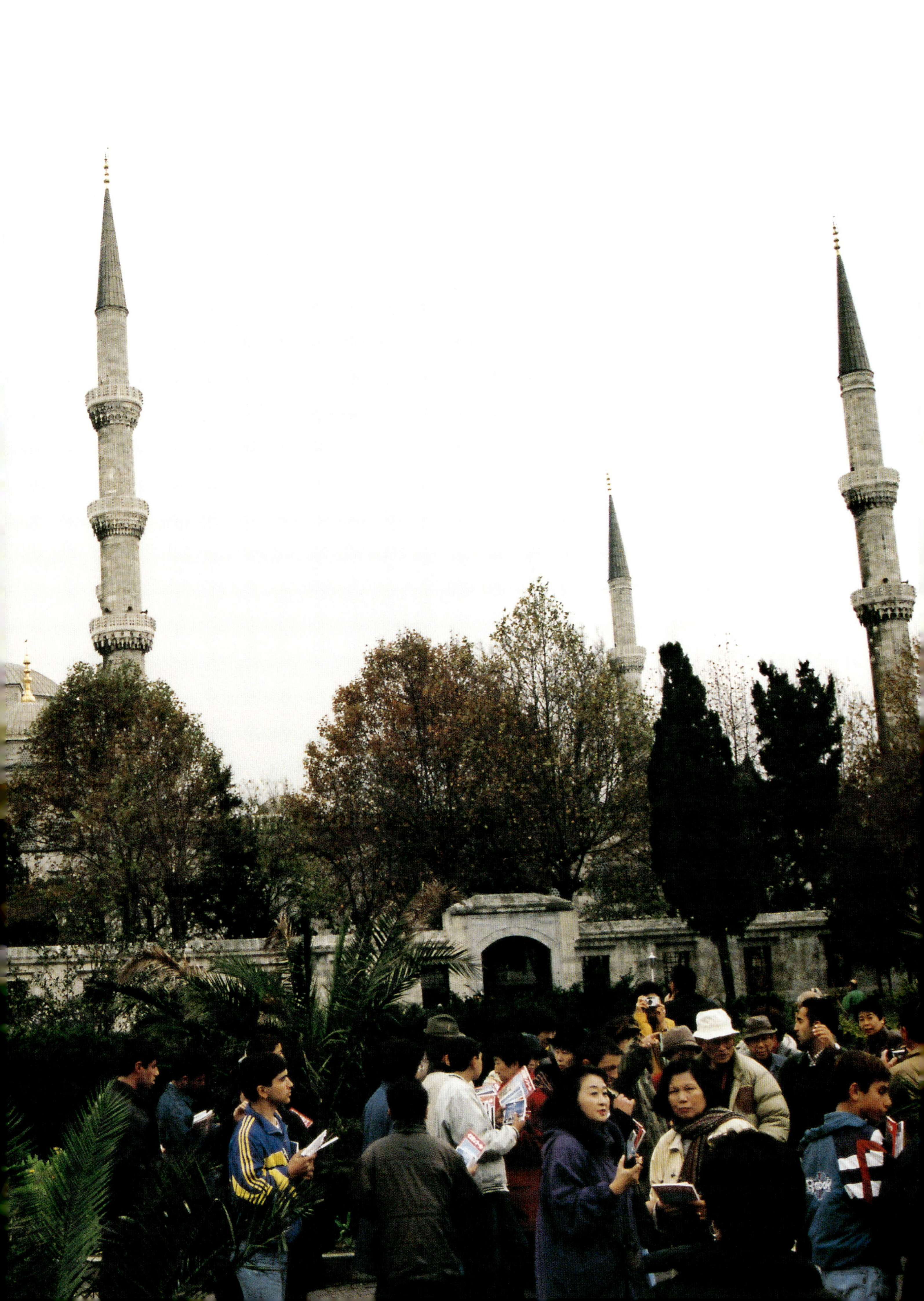

トプカプ宮殿（イスタンブール）

　この宮殿は、15世紀後半にメフメトⅡ世によって、金角湾とボスポラス海峡を臨む高台に建設され、その後370年間にわたって歴代のスルタン（支配者）の宮殿として使われた。現在は一部を博物館として一般に公開している。宝物殿には黄金の短剣・燭台、宝石を散りばめた王座など数々の有名な財宝が、またかつての厨房には中国製や日本製の陶磁器のコレクションが展示されている。

ボスポラス海峡

　イスタンブールはヨーロッパとアジアにまたがる唯一の都市である。境界となるボスポラス海峡は地中海と黒海を結ぶ重要な通路になる。写真はマルマラ海からボスポラス海峡に入るあたりで，対岸はアジア，手前はヨーロッパで，5世紀にテオドシウスⅡ世によって造られた城壁が見える。写真の左へ進めば黒海へ，左をさらに左折すれば歴史の舞台として有名な金角湾に入る。ボスポラスとはトルコ語で「のど」の意味，この狭い重要な海峡を正確に表現している。

グランドバザール（イスタンブール）

　旧市街の中心部にあり，15世紀から拡大を重ね，現在5000以上の店がひしめき合っている。貴金属・皮革製品・アンティーク・カーペット・衣料品・陶磁器など，地区によって同業者がまとまっている。

エフェソス都市遺跡

　エフェソスはエーゲ海に面し,古くから貿易によって発展した都市国家の一つであるが,現在残っている都市遺跡は,紀元前4世紀頃アレキサンダーの部下リュシマコスが新たに建設した町である。その規模は大きく,大劇場や図書館(写真中央の道路の先に見える)など保存状態もよい。

アタテュルク廟（アンカラ）

　20世紀初頭には弱体化しつつあったオスマン帝国は，第一次世界大戦でドイツ側について敗北した。そのときトルコ陸軍の軍人となっていたケマル=パシャは革命政権を樹立し，1923年にはトルコ共和国を誕生させ，彼は初代大統領に選ばれた。彼は政教分離，婦人解放，近代的な法制への改革，ローマ字表記の導入などさまざまな業績を残し，「建国の父」（アタテュルク）と呼ばれた。アタテュルク廟は9年の歳月をかけて彼の死後15年の1953年に完成した。

　アタテュルク廟には参拝者が多い。とくに目立つのは小・中学生の団体である（下の写真）。学生服を着た高校生のグループも多く，観光客にも気軽に話しかける。彼等の話を聞くと，アタテュルクを尊敬する気持ちが伝わってくる。

カッパドキアの奇岩

　トルコ中央部，アナトリア高原のカッパドキア地方には，奇岩で知られた場所がある。太古の火山活動によって火山灰や溶岩が堆積し，その後の長い年月をかけて風雨の浸食を受け，さまざまな形の岩石が林立する地形が生み出されたのである。

　軟らかい火山灰の地層は硬い溶岩の地層より速く浸食が進むが，溶岩層の厚さ・硬さ，風雨の営力の場所によるちがいなど，いろいろな要素が影響し合って，大小さまざまな きのこ型・たけのこ型・ベレー帽型などの奇岩ができた。自然は人知の及ばない芸術家である。

奇岩を利用する村

　奇岩の中には穴があるものがある。人は先史時代から軟らかい岩石をくり抜いて住居にしていたのである。ローマ時代にもキリスト教徒が帝国の弾圧を逃れて，この地に多くの岩窟の住居や聖堂を造り，地下都市まで掘った。地下8階の地下都市もある。これらはイスラーム軍のアナトリア進攻時に隠れ家としても利用された。

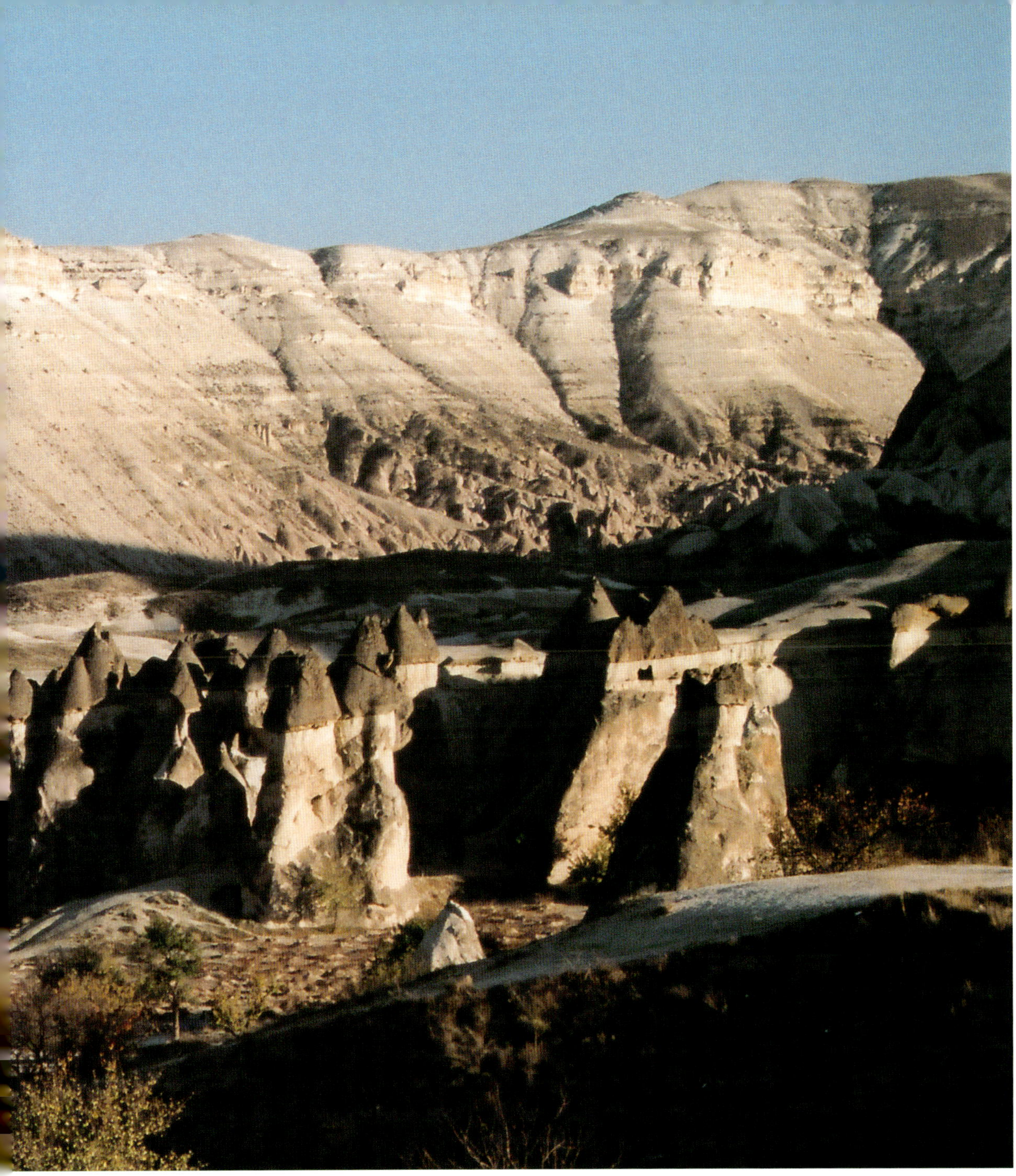

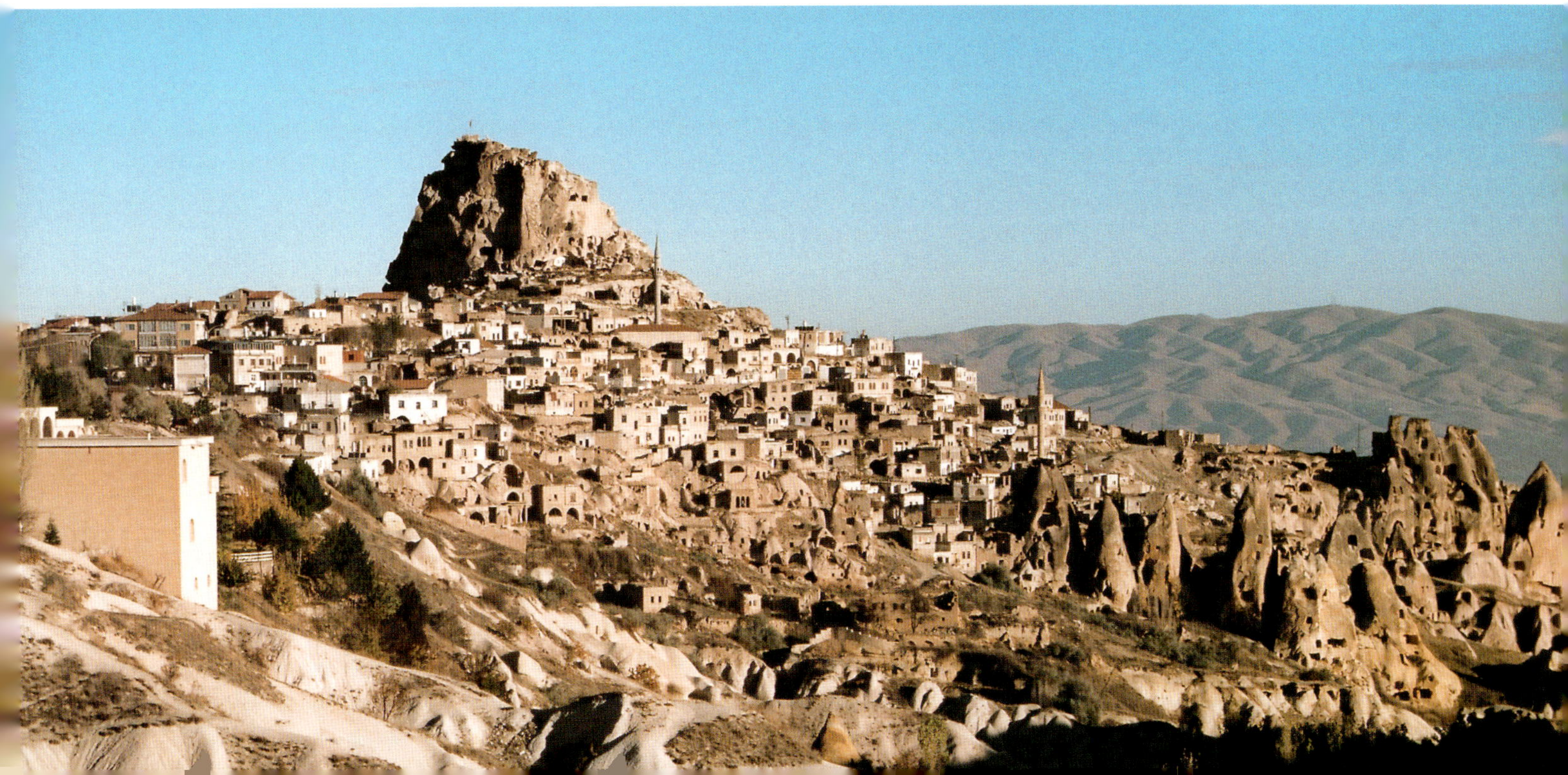

SYRIA

シリア・アラブ共和国

パルミラのベル神殿

　パルミラは，古代オリエント世界の中心部を占める「肥沃な三日月地帯」の円弧の円心に当たる位置にある。すなわち，メソポタミアと地中海を最短距離で結ぶルート上にあるオアシスで，古くから交易の中継地として栄えた。紀元前1世紀から紀元後3世紀にかけては，中国とヨーロッパを結ぶシルクロードの隊商都市として最盛期をむかえ，壮大な神殿・円柱道路・円形劇場などを建設した。この神殿は豊穣の神で最高神のベルを祭った。パルミラは1980年に世界遺産に登録された。

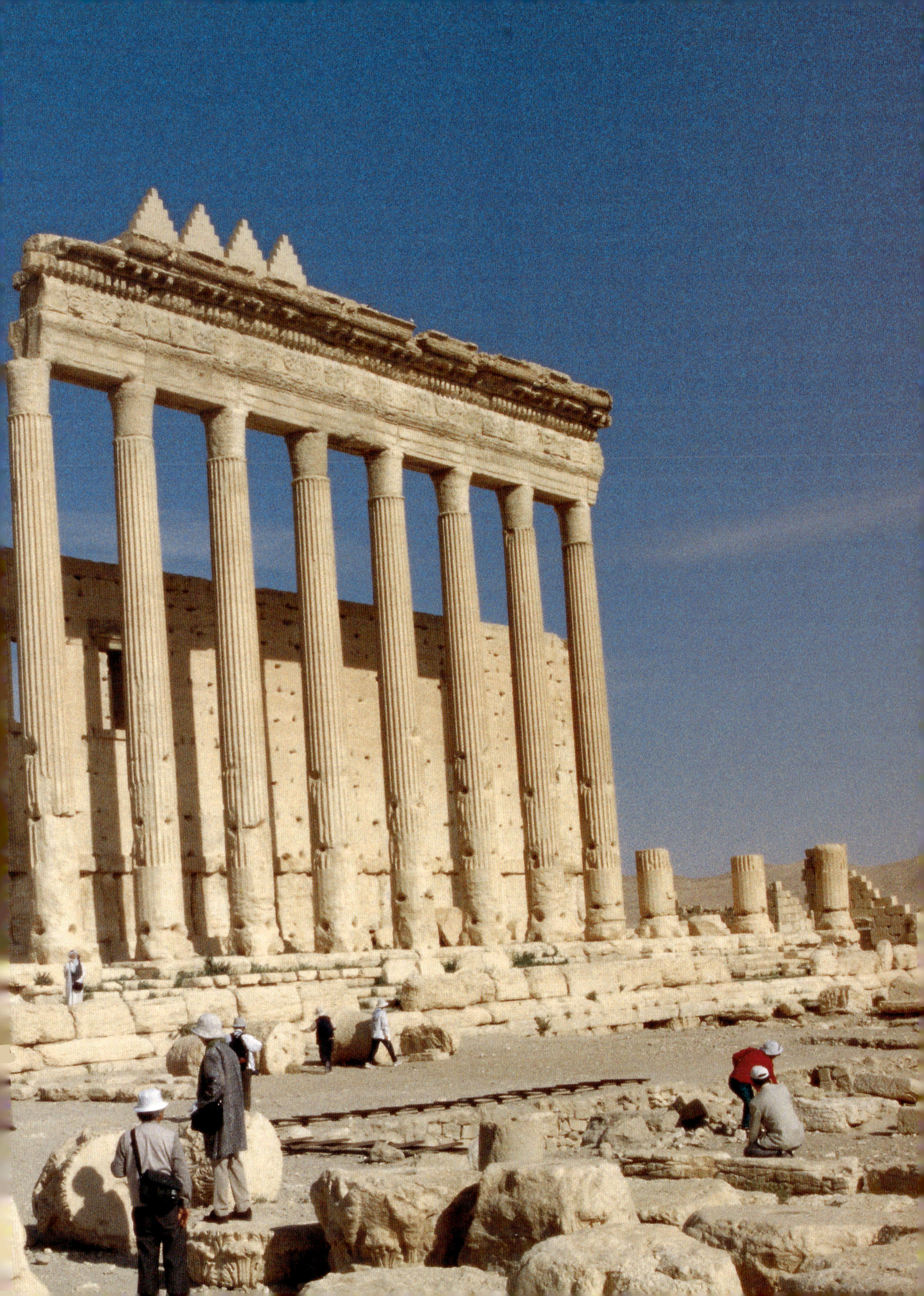

パルミラの全景と記念門

　シリア砂漠を横断する隊商にとって，まずなつめやしの緑に安堵感を覚え，立派な記念門（左の写真）をくぐれば豪華な大理石の円柱道路と家並みに圧倒される。街の中央部に到着すれば，税金を徴収され，浴場や劇場で疲れを癒す。そんなオアシスの充実した施設が残されている。

　3世紀後半オダナイト王が死ぬと，その妻ゼノビアが幼少の息子に代わり，摂政として手腕を発揮し，支配地域を拡大した。誇り高きゼノビアはローマ皇帝アウレリアヌスの攻撃を受けたが，降伏勧告を受け入れず，この都はローマ軍の手に落ちた。囚われの身になったゼノビアはその美しさ故に黄金の鎖につながれ，ローマ市中に3日間もさらされた。歴史家ギボンはゼノビアについて「浅黒い肌，異常な輝きを持つ黒い目，強く艶麗な声，男勝りの理解力と学識を持ち，女性としても愛らしく，美・貞潔・勇気においてクレオパトラを凌駕した」と評した。広大な遺跡を歩くと，歴史の無情に打ち拉がれる。

ベドウィンの女性

　パルミラからそれ程離れていない砂漠の中に4～5戸の遊牧民の粗末な住居があった。その中の1軒の家の前に色鮮やかな衣服を着た女性がいた。カメラを向けるとこちらをにらんだ。その黒い瞳はゼノビアのイメージに重なった。

アレッポ城見学の小学生

郷土が誇る遺跡では，小学生や中学生が見学する姿をよく目にする。アレッポ城にも大勢の小学生が野外学習として訪れていた。教師の統率のもととはいえ，子供たちは屈託がない。子供たちの方から声をかけてくる。これが子供たちの自然の姿である。因みに女性教師たちは，働く女性らしく，地味な色のスーツ姿で，スカーフは着けていない。

アレッポ城（ハラブ）

4000年の歴史を持つハラブ（アレッポ）には，古来多くの民族が侵入し，波乱の歴史が刻まれてきた。紀元前10世紀には，街の中にあった丘の頂上に神殿が建てられたが，12世紀の十字軍の侵攻の頃にはカスバ（要塞）化し，13世紀のモンゴル軍，15世紀のティムール軍の攻撃に耐え，難攻不落のカスバになった。深さ22mの堀に囲まれ，周囲は2.5kmある。

ハラブのスーク（市場）

古来，多くの他民族の侵入があったことは，ここがそれだけ重要な場所であった証でもある。ローマとペルシア・中国とを結ぶ東西交易路と，トルコとエジプトを結ぶ南北交易路とが交わる十字路の位置にこの街があった。スークにはその名残がある。スークの屋根は立派な石造りのアーチ型屋根になっており，貴金属・じゅうたん・香辛料などの店やキャラバンサライ（隊商宿）は歴史の重みが感じられる。

現地リポート　屋外で楽しむ家族（ハラブ）

市民の憩いの場でもあるアレッポ城には，家族連れも多い。ここで記念撮影をしている家族にカメラを向けると，それに気付いた奥さんは一歩下がって夫の陰に隠れた。黒いワンピースとスカーフを身に着けた奥さんの恥ずかしそうな顔が印象的だった。

男性の視線にさらされることを避けるため，できるだけ外出をしない保守的な女性もいるが，最近は街を歩くときに顔を隠す女性はほとんどいなくなり，若い女性の中には，黒いワンピースを着ずにジーパンを身につけ，おしゃれの一つとして柄物のスカーフをつける人も多く，髪も全く隠さない女性も増えてきた。イスラーム圏では，女性の服装に関して伝統を守るか，近代化を進めるかというせめぎ合いがあるが，シリアでは女性の職場進出などの近代化がかなり進んでいると思われる。

ハマーの水車

　ハマーの中心部を流れるオロンデス川に沿う庭園には四つの水車がある。大きい水車は直径20m近くあり，14世紀から回り続けている。それはオロンデス川の水量が多く一定していたことと，農産物の加工に動力が必要だったことを示している。シリアは砂漠の国というイメージが強いが，ハマー付近は緑豊かな農業地帯で，街を一歩出ると，小麦畑やアーモンド樹園が広がっている。

ブスラのローマ劇場

　シリア南部にもローマ人が造った古代都市の遺跡がある。ここにはナバタイ人の都市があったが，その上に2世紀にローマ人によって列柱道路・市場・ローマ劇場・浴場などが造られた。7世紀にムスリム（イスラーム教徒）がここを占領し，ローマ劇場を要塞化して利用したこともあって，保存状態がよい。この劇場は中東最大の規模で，今でも使用されている。都市遺跡全体が世界遺産に登録されている。

クラック・デ・シュバリエ
　11世紀に十字軍によって建てられた城である。急崖と二重の防壁に守られ，内には宿舎・井戸・食堂のほか，食料庫・馬小屋・礼拝堂などもあり，長期間の生活ができるようになっている。13世紀後半にマムルーク朝の手に落ち，イスラーム風の内装に変えられて，領主の居城として使われた。円筒の見張り塔上の人を見れば，この城の巨大さがわかる。この城はヒムスの西約50kmの農業地帯の中にある。

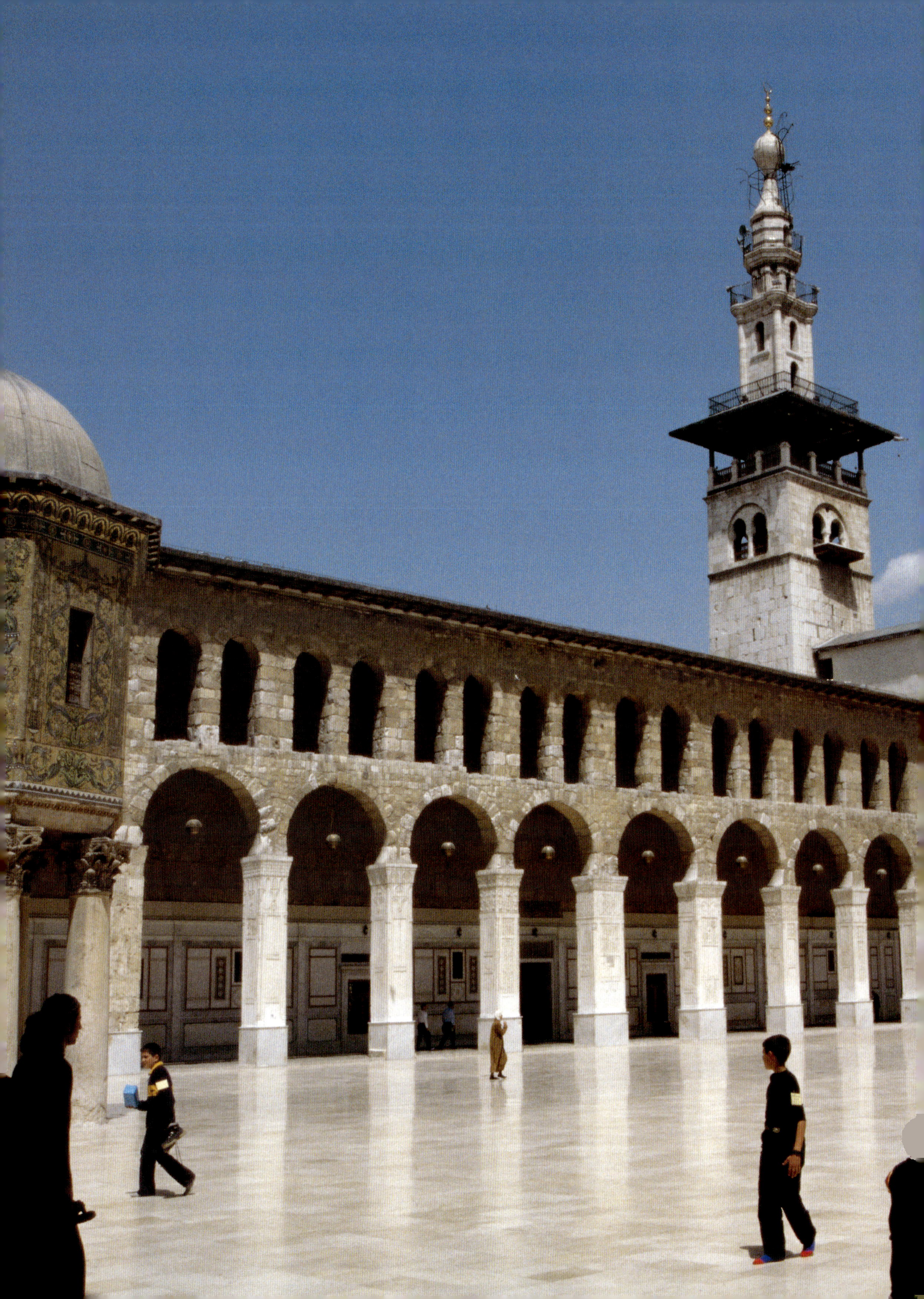

ウマイヤ=モスク（ダマスカス）

　4000年以上の歴史をもち，現存する最古の都市の一つであるダマスカスにはメディナ（旧市街）といわれる歴史地区がある。その中心にウマイヤ=モスクがある。ダマスカスはアッシリア・バビロニア・ペルシア・ローマ帝国の支配下にあったが，7世紀にイスラームのウマイヤ朝の首都となり，アリ=ワリードⅠ世によってこのモスクが建設された。現存するモスクの中で世界最古である。規模の大きさ，建物の美しさ・豪華さは際立っており，荘厳な雰囲気がある。モスクの内部にはじゅうたんが敷きつめられ，イスラーム各国からの巡礼者が絶えない。
　城壁で囲まれたメディナには，このモスクのほか，宮殿・城塞・スーク（市場）・サラディン廟と数箇所のモスクがあり，さらにメディナの東部には数箇所のキリスト教会がある。この辺りはキリスト教徒地区になっており，新約聖書に登場する場所が残されていて，歴史の重さを感じさせられる。これらを含むメディナは世界遺産に登録されている。

ダマスカスのスーク（市場）

　このスークはアラブ世界でも規模が大きく，主要な通りはアーケードになっていて，今まで見てきた多くのスークの中で最も立派に見える。ウマイヤ＝モスクに隣接し，ここを訪れる客も国際色豊かである。スークの中心部には貴金属アクセサリー・じゅうたん・民族衣装の店が軒を連ね，別の通りには香辛料の店が集中している。

> **豆知識**　ダマスカスのマクハ
>
> 　アラブ式の喫茶店を地元の人は「マクハ」と呼ぶが，水タバコを楽しみながら，世間話をしてゆったりとした時間を過ごす，大人の社交場のような場所である。ウマイヤ=モスクの東側にマクハが多いが，日中の暑さが峠を越える頃になると，どこも屋外の席は男性客によって占領される。
>
> 　水タバコの風習は，西アジアから北アフリカにかけての地域で見られるが，吸うための道具は，ほとんど共通している。通常，短い足が付いた水を溜める球状の部分があり，そこからパイプが垂直に伸び，その先端に素焼きの火受け皿が載っている。この皿の真ん中にいくつかの穴があり，その下に漏斗のような中空の首があり，これをパイプに差し込む。球状部分の上部から長いホースが出ていて，その先に吸い口が付いている。水タバコを吸うには，火受け皿に火のついた炭を置き，その上に乾燥させたタバコの葉を適当な大きさに刻んで載せて，吸い口で強く吸引すると，パイプから水の上を通ってホースにタバコの煙が来る。水はフィルターの役割をしている。

ダマスカスの女学生

　ダマスカスは長い歴史を持つ街にしては明るく清潔感があって美しいところが多い。メディナにも街路樹や庭木が日陰をつくっていたりして，歩いて回るには心地よい道路が多い。そんな道路を女学生が制服と思われる白いスカーフと黒い上下服を着てさっそうと歩く姿は，清々しく平和な街の印象を与えてくれる。

メディナ（旧市街）城壁の掲示板

　ダマスカスのメディナを歩くと，聖書が生まれた当時の世界にいるような気持ちにさせられる。新約聖書にある聖パウロゆかりの場所や教会があるからである。また狭い城壁の内側で，モスクと教会が共存しているし，キリスト教徒とムスリム（イスラーム教徒）は接して住んでいる。しかし，城壁に貼られたビラを見ると，現実の世界に引き戻される。

JORDAN

ヨルダン・ハシミテ王国

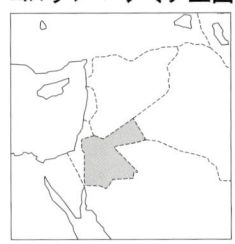

ペトラのエド・ディル

　西アラビアから移動してきた遊牧民族ナバタイ人は紀元前6世紀頃からこの地に定着し，岩山を掘り削り，都を造った。紀元前2世紀初頭にローマ帝国に併合され，浴場や劇場，列柱道路などが加えられ，ローマ風の街になった。4世紀には大地震で壊滅的な被害を受け，衰退した。その後イスラーム軍や十字軍の砦として利用されたが，砦の廃止とともに廃墟になった。19世紀になってからスイス人探検家によって再発見され，現在はヨルダンの重要な観光資源になっている。写真は1世紀中頃に岩山を削って造ったエド・ディル（修道院跡）で，幅50m，高さ45mある。ペトラは1985年世界遺産に登録された。

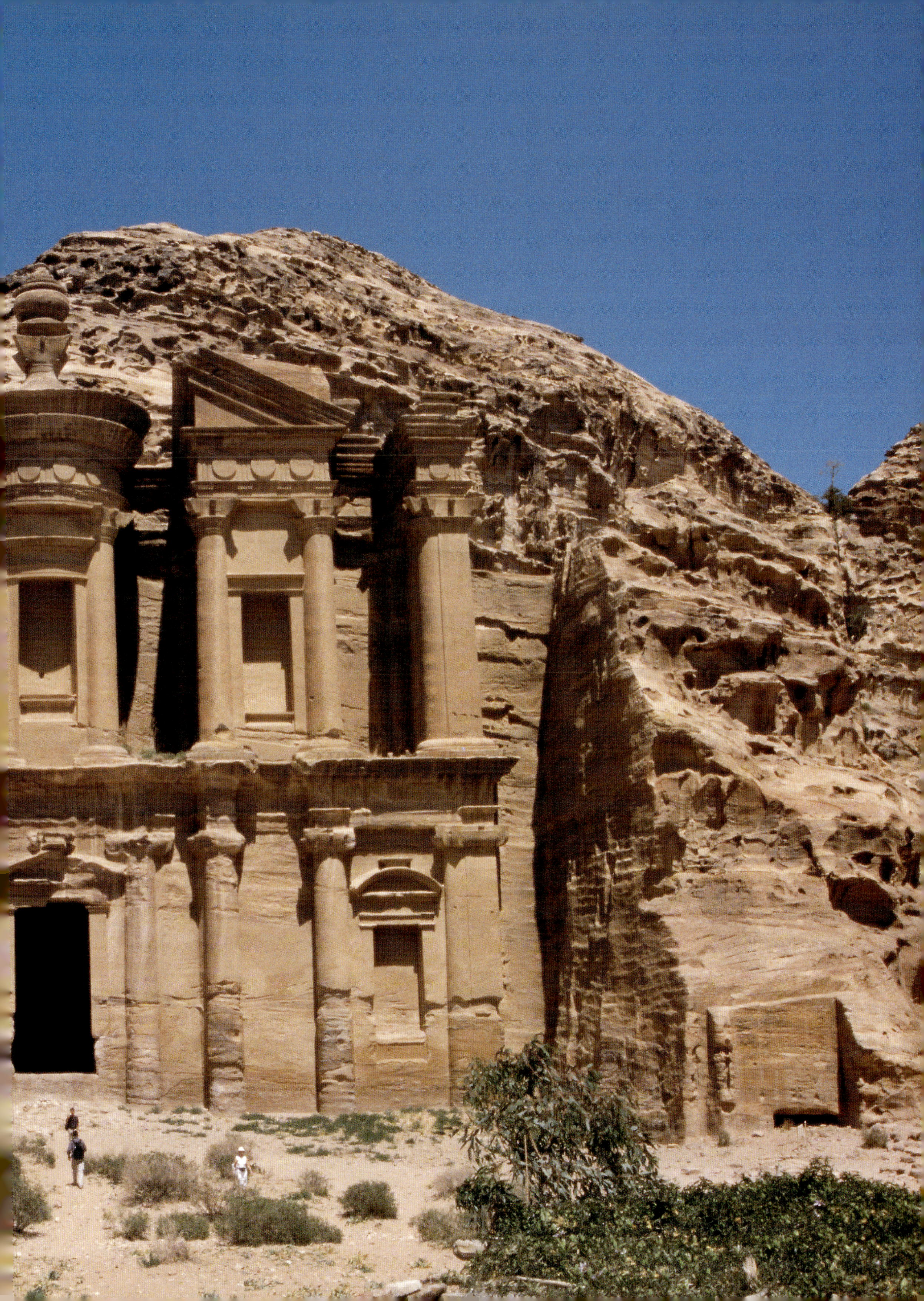

ペトラのエル・ハズネ

　岩の裂け目の狭い暗い道をしばらく歩くと，突然視界が開け，高さ30mのエル・ハズネ（宝物殿）が目の前に現れる。映画「インディージョーンズ」の舞台になったことで，ペトラは一躍有名になった。このほかに多数の住居や墓も崖を削って造られている。

マダバの街並み

　アンマンの南西30km程のところにネボ山がある。この山はエジプトを脱出したモーゼが終焉を迎えた地とされている。ネボ山の東側山麓にマダバの町があるが、ここは古い歴史を反映して、イスラーム国ヨルダンにあってはキリスト教会が多い町である。またじゅうたんで有名な町でもある。

パレスチナの古地図

　マダバには多くの教会があるが、その中の一つにギリシア正教の聖ジョージ教会がある。この教会の床にはモザイクによる6世紀のパレスチナの地図がある。右の写真の中央に描かれている楕円の城壁で囲まれた街がエルサレム、その上の船が描かれているところが死海、左からそこへ流れ込んでいるのがヨルダン川である。

133

ワジ・ラムのベドウィン

　ヨルダンの8割は砂漠である。南部のアカバの街を一歩出ると，岩石砂漠が広がっている。アカバの東数十kmのところにワジ・ラムがある。かつてはブドウや松の樹木が繁っていたといわれるが，現在は巨大な岩山だけが目立つ荒野である。ワジ・ラムを有名にしたのは，映画「アラビアのロレンス」の舞台にされてからである。最近はこの砂漠でのトレッキング，キャンピング，4WDによる疾走，岩山でのロッククライミングなどのアクティビティに興じる訪問者が増えてきたことで，そのガイドやサポート要員として働くベドウィンも増えてきた。ここに住むベドウィンは遊牧の民から観光業に職業を変えつつある。

アカバ北部の地層

アカバ北部の砂漠の中に地層が露出している場所がある。ここは紅海・アカバ湾から死海・ヨルダン渓谷へと続く地溝帯の縁に当たる。地層は単純な褶曲ではなく，ずたずたに折られ，ねじ曲げられている。地殻変動の圧力の大きさに驚くばかりだ。

|豆知識| **西アジアのパン**

　西アジアではよく目にするパンであるが，大きいレストランではかまどを持っていて，専門の職人がパンを焼き，食事のとき焼きたてを出してくれる。

　小麦は西アジアが原産地であり，それを粉にして水を加え，薄く伸ばして焼く方法を発明したのも西アジアである。さらにエジプトに伝わって，発酵させて膨らんだパンも生まれた。このような小麦を主原料にしたパンをアラビア語で「ホブズ」と呼び，トルコ語で「エキメキ」，ペルシア語で「ナン」と呼ぶ。原料に加えるもの，発酵の程度，焼き方のちがいなどから，地域によりさまざまな呼び名がある。

ジャラシュ都市遺跡

　ジャラシュはアンマンの北約50kmにある。この付近は早くからローマ人に注目され，紀元前1世紀からローマ帝国の植民地にされた。紀元後1世紀から2世紀にかけて，ローマ帝国の繁栄に伴い，ジャラシュに劇場や神殿が次々と建てられ，華麗壮大なローマ都市に発展した。その後，キリスト教がローマ帝国の宗教になってからは，神殿が教会に改造され，ビザンツ帝国時代にも教会が多数建てられた。7世紀にはイスラーム軍に征服され，8世紀には大地震が起こり，壊滅的な被害を受けて衰退した。現在は修復されたゼウス神殿（写真左上）や列柱がこの都市の規模を示している。

アンマンの中心部

　ヨルダンの首都アンマンは，ヨルダン北部の丘陵地に立地しているため，坂道の多い街である。市内には七つの丘がある。その一つにアンマン城が，城のとなりにヘラクレス神殿跡があり，この丘からの眺望がすばらしい（下の写真）。眼下にはローマ劇場が見える。これらはいずれも2世紀頃アンマンがローマ都市の一つになった名残である。

LEBANON

レバノン共和国

バールベックのバッカス神殿

　かつて地中海を舞台に交易で繁栄したフェニキアの本拠地は現在のレバノンである。レバノンの地中海沿岸の都市タラブルス（トリポリ）・ジュバイル（ビブロス）・ベイルート・サイダー（シドン）・スール（ティル）はいずれもフェニキアの都市国家だったところである。後にこれらを占領したローマが同じ場所に新しい都市を建設したために，現在ジュバイルとスールには壮大なローマの都市遺跡が残っているが，フェニキアのそれはなく，せいぜい痕跡を残すだけである。ローマの支配地域が拡大するに従い，内陸地方にもローマ都市が建設されるようになったが，その代表例がバールベックである。

　レバノンの穀倉地帯ベカー高原の中央部に巨大で優美な姿を今に残しているのはバッカス神殿である。かつてはここに三つの神殿があったが，ジュピター・ビーナス両神殿は18世紀中頃の大地震で崩壊し，バッカス神殿だけが辛うじて崩壊をまぬがれた。最も大きいジュピター神殿は幅50m，奥行89mで，直径2.2m，長さ22mのコリント式円柱54本が囲んでいたが，現在は6本の円柱を残すのみである。バールベックは1984年世界遺産に登録された。

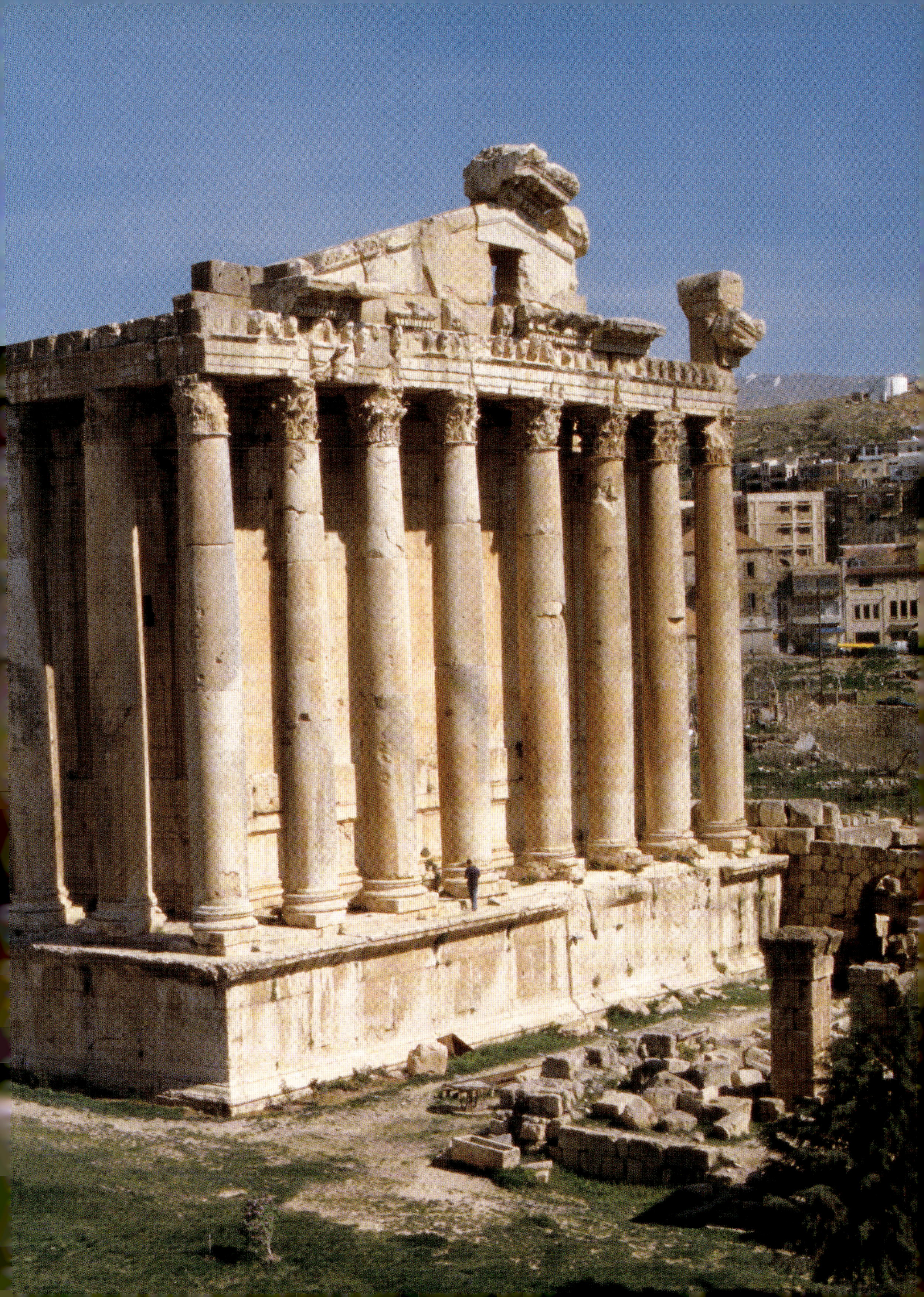

アンジャルの宮殿跡

　ベカー高原に残るもう一つの巨大な都市遺跡アンジャルはローマ遺跡ではない。8世紀にウマイヤ朝のカリフ（ムスリムの共同体をひきいる者）がダマスカスとベイルートを結ぶルート上に保養地として造成した都市の遺跡である。上水・排水施設，列柱道路，浴場などの建築様式はローマ様式を取り入れている。宮殿の2層のアーチや彫刻はビザンツ様式で造られている。アンジャルも1984年に世界遺産に登録された。背後の雪を載せた山並みはアンティレバノン山脈である。

タラブルス（トリポリ）のスーク（市場）

　レバノンの第2の都市タラブルスには中心部にメディナ（旧市街）が広がり，そこにはモスク，浴場，キャラバンサライ（隊商宿）などマムルーク時代（13〜15世紀）の建物が多く残っている。市内を流れるアブ・アリ川沿いの高台に12世紀に十字軍によって建設されたカスバ（要塞）があるが，スーク（市場）はその足元に広がっている。迷路のように狭い道が入り組んでいて，時間のない観光客が買物を楽しむのは難しい。

ビブロス遺跡（ジュバイル）

　ベイルートから海岸沿いに北へ40km足らず行ったジュバイルの町には世界的に重要な遺跡ビブロスがある。地中海を見下ろすこの台地には，新石器時代の住居跡から紀元前14世紀の神殿跡，ローマ時代の円形劇場，中世の騎士の城まで，長い歴史の層が重なっている。ここが人間の居住環境として優れた場所であったためである。かつてこの場所はビブロスと呼ばれていたが，これが聖書を意味するバイブルの語源になったことでも知られている。この遺跡も1984年に世界遺産に登録されている。

サイダーの砦

　レバノン第3の都市であるサイダーは，古くはフェニキアの都市国家であったが，よい港湾を持っていたこともあって，その後はペルシア，ローマ，十字軍，トルコなど他民族の支配を受けることが多かった。13世紀に十字軍によって建てられた海の砦は，今は町の観光資源になっている。

弾痕が残るモスク（サイダー）

　第二次世界大戦後に発生したパレスチナ問題に派生して，1982年にはイスラエルがレバノンに侵攻した。海の砦の近くにあるモスクには今も生々しい傷痕をさらしている。この町からイスラエルの国境まで直線距離で40kmもないことを，改めて認識させられた。

ベイルートの鳩の岩

　ベイルートは穏やかな地中海性気候に恵まれ，周辺の砂漠気候地域に住む人々が避暑に訪れる観光地であり，40年程前には中東の金融センターでもあった。しかし，1975年から15年間，この街の中心部を舞台に内戦が続き，街は壊滅状態になった。内戦によって，ムスリム（イスラーム教徒）は西ベイルートに，キリスト教徒は東ベイルートに，住み分けが明確になった。
　西ベイルートの西端，地中海に突き出た海岸に，鳩の岩と呼ばれる巨大な岩がある。ベイルートでは，自分のたくましさを自慢するとき，この岩の上から海に飛び込んだ話をする男性が多いという。街の中に未だに残る内戦の傷跡を見ると，鳩の岩が平和の象徴になってほしいと願わずにはいられない。

内戦の傷跡（ベイルート）

ベイルートはレバノン内戦終結後の1990年から復興に向けて歩み出した。しかし，破壊されたビルの再建や生々しい弾痕の補修を，まだ完了させることができないビルもあり，現実の厳しさを感じさせられる。

ベカー高原の難民テント

レバノンを南北に貫くレバノン山脈とその東側に並行するアンティレバノン山脈との間にベカー高原がある。ここは大変肥沃な土壌の農業地帯である。ベカー高原を通る幹線道路沿いに，大きなテントがいくつも張られている。これはパレスチナ難民を収容するテントである。大都市だけでなく，こんなところにもパレスチナ問題の陰の部分がある。

YEMEN

イエメン共和国

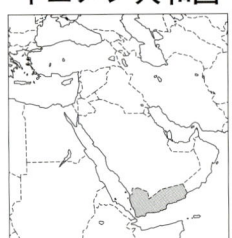

バーバルヤマン（サナア）

　イエメンは古代からインドと地中海を結ぶ要地として交易で栄えてきたが，紀元前10世紀のシバ王国の時代には「乳香」の交易を独占して大いに繁栄した。その頃からサナアは歴史に登場し，現存する世界最古の町の一つといわれている。

　現在，イエメンの首都サナアの人口は約100万，しかし近代的百万都市のイメージはない。サナアの中心部を占めるメディナ（旧市街）の印象が強烈であるためである。メディナへの入口であるバーバルヤマン（イエメン門）から一歩内側に足を踏み入れると，そこにはアラビアンナイトの世界がある。

　白い漆喰で装飾された古い家並，古い石畳，その舞台に登場する人物は男性も女性も映画の登場人物のようだ。数百年間時間が止まっているような錯覚に陥る。

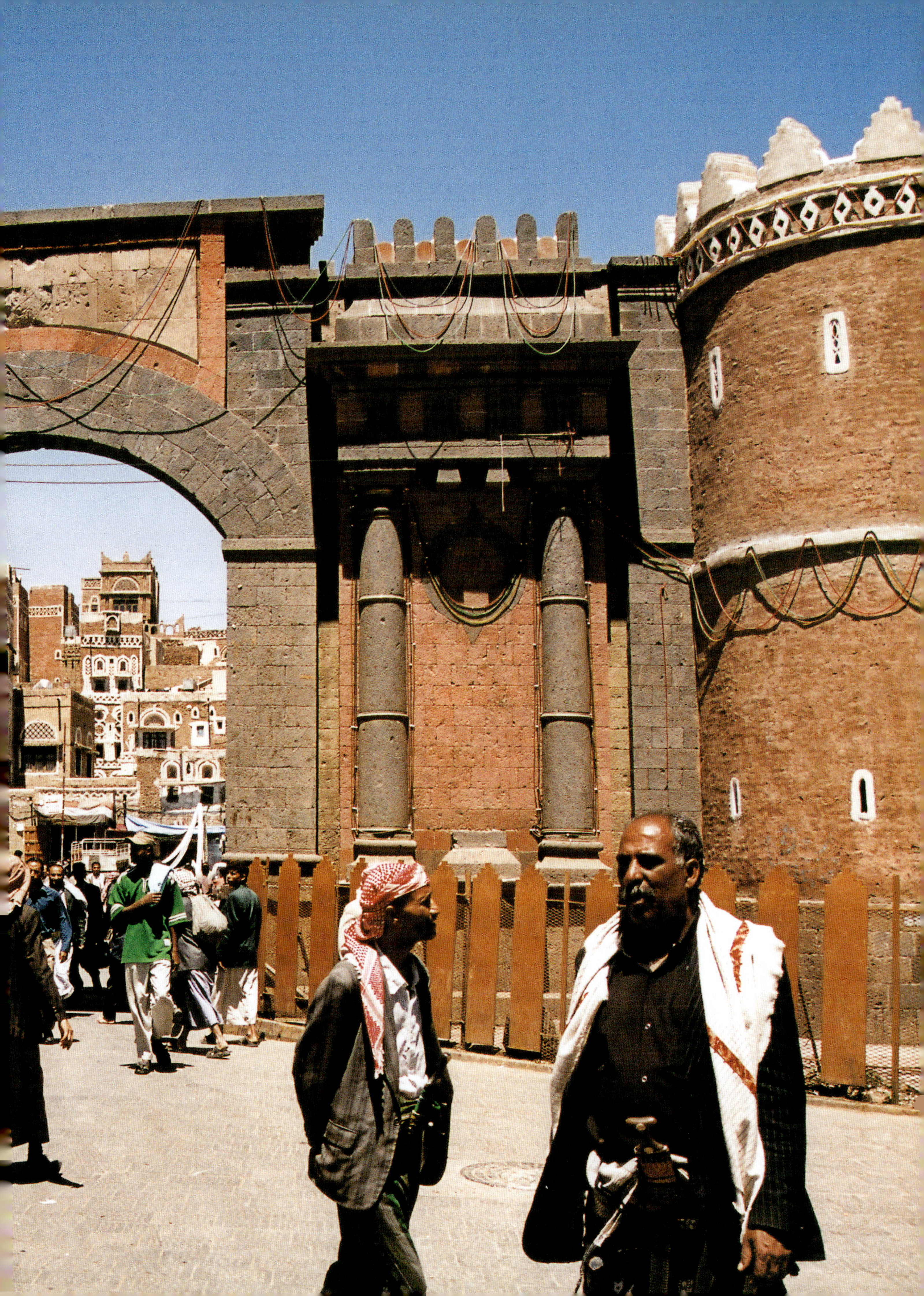

サナアのメディナ（旧市街）

かつては城壁（じょうへき）に囲まれていたメディナには，イスラームが初めてイエメンに伝えられた630年に建てたモスクをはじめ，数多くのモスクがあり，2000年以上も前に塩の取引をする場所として始まったスーク（市場）があるなど，町そのものが博物館のようなところで，メディナは世界遺産に登録されている。城壁には五つの門があったが，現存するのはバーバルヤマンだけである。この門付近がサナアで最もにぎやかなところで，ここを入るとすぐにスークがある。

サナアのスーク

　スークの中心部には，かつてのキャラバンサライ（隊商宿）があり，その辺りにはスパイス専門店が軒(のき)を連ねている（右上の写真）。スパイス専門店の軒数(けんすう)・規模(きぼ)・品揃(しなぞろ)えを見れば，このスークの歴史の古さが理解できる。外国を含めてスパイスの仕入先ルートを確保しているから，買手の信頼(しんらい)を得て，広い商圏(しょうけん)を掴(つか)んでいるのである。またその近くには，ジャンビーア（小刀）を売る店も数軒あって（右中の写真），イエメンらしさを感じられる。込み合う路地では，子供たちがドーナッツを売っていた（右下の写真）。こちらのドーナッツは大変甘(あま)いが，強い日差しの下で食べればおいしく感じる。風土に合った食物が名物になることがわかる。

149

メディナ（旧市街）の住宅（サナア）

　ここにある古い家屋は石と日干しれんがで造られている。1・2階が石で，3階以上がれんがになっていることが多い。1棟に1家族が住み，家族が増えると上にれんがを積み上げて増築する。ここには5〜6階の家屋が多く，1階は家畜用，2階は穀物貯蔵庫，3階以上が居住スペースになる。最上階の眺めのよい部屋が客間となる。防御上の理由で入口は小さく，丈夫な木の扉がついている。1・2階は窓がなく，小さな明かりとりがあるだけであるが，3階以上の窓にはステンドグラスや白い漆喰を使った装飾が施されている。家屋はれんがを積み上げただけで，鉄筋などは使っていないが，地震のないサナアでは代々住み続け，建築後400年以上経た家屋が多く，中には1000年以上の家屋もある。

豆知識　　イエメン人の伝統的服装

　イエメンはイスラーム太陰暦の6年（西暦628年）にイスラームに改宗し，それ以降イエメン人は一貫してムスリム（イスラーム教徒）であり続けた。したがって，イエメン人の生活の基範はイスラームの教義に忠実で，伝統を重んじる。とくにサナアを含む北部山岳地方の住民は，服装に関しても，古くからの伝統をかたくなに守っているため，外国人の目には何百年も時間が止まっているように映る。

　男性は，頭に「マシャッダ」というターバンのような布を巻く。これは日除け，防寒，ほこり除けになるほか，手ぬぐい，風呂敷の代用にもなる便利なものである。そして「ザンナ」という白い長袖のワンピースを着る。腰には太いベルトを巻き，「ジャンビーア」という小刀を前に差している。これは一人前の男の証で，代々家に伝わる家宝である。相続前の若い息子達には，父親があまり高価でないジャンビーアを買い与える。暑いときはベストを脱ぎ，寒いときは厚手のジャケットをザンナの上に着る。

　女性は，身内の者以外には素肌を見せてはならないという教義に従い，髪・顔・身体それぞれを覆う布がさまざまに工夫されている。髪を覆うベール，顔を覆う布，上半身を覆う半円形の布，裾長のスカートの4点を身に着けるのが一般的で，その状態を「シャリシャフ」という。身体全体を覆う大きな布（「シターラ」という）を頭の上からすっぽりかぶって身体を覆う方法もある。また最近は「バルトー」と呼ばれる袖がついた外套も普及している。頭と顔を覆うベールは「ヒジャーブ」と呼ばれるが，目の部分を1cm程すき間をつくって覆う方法をとる場合が多い。これらの女性の衣装はすべて黒い布で，目だけが見えるこの方法は何となくミステリアスである。ときには黒い薄布で目も覆ってしまう場合もある。素顔は身内の人しか知らないのである。

　こうした伝統的服装に変化が見られるのは，イエメン南部から東部の地方である。1729年から1990年まで，イエメンは南北に分断し，南イエメンは社会主義国家になったので，女性の職場進出が盛んになって，顔を覆わない女性が多くなったのである。しかし，南北イエメンが統一した後は，再び顔を覆う女性が多くなる傾向が見られる。気温が高い東部のハドラマウト地方では，暑さ対策となるつばの広い先の尖った帽子を深くかぶって農作業をする女性の姿がときおり見られるが，大都市に比べて女性を目にする機会は著しく少ない。また，ティハマ（紅海沿岸）地方では，アフリカ系の住民が多く，彼等は高温多湿の風土に合った服装をしている。男性は腰巻とTシャツを身に着けた人が多く，女性は顔を覆っていない人が多い。

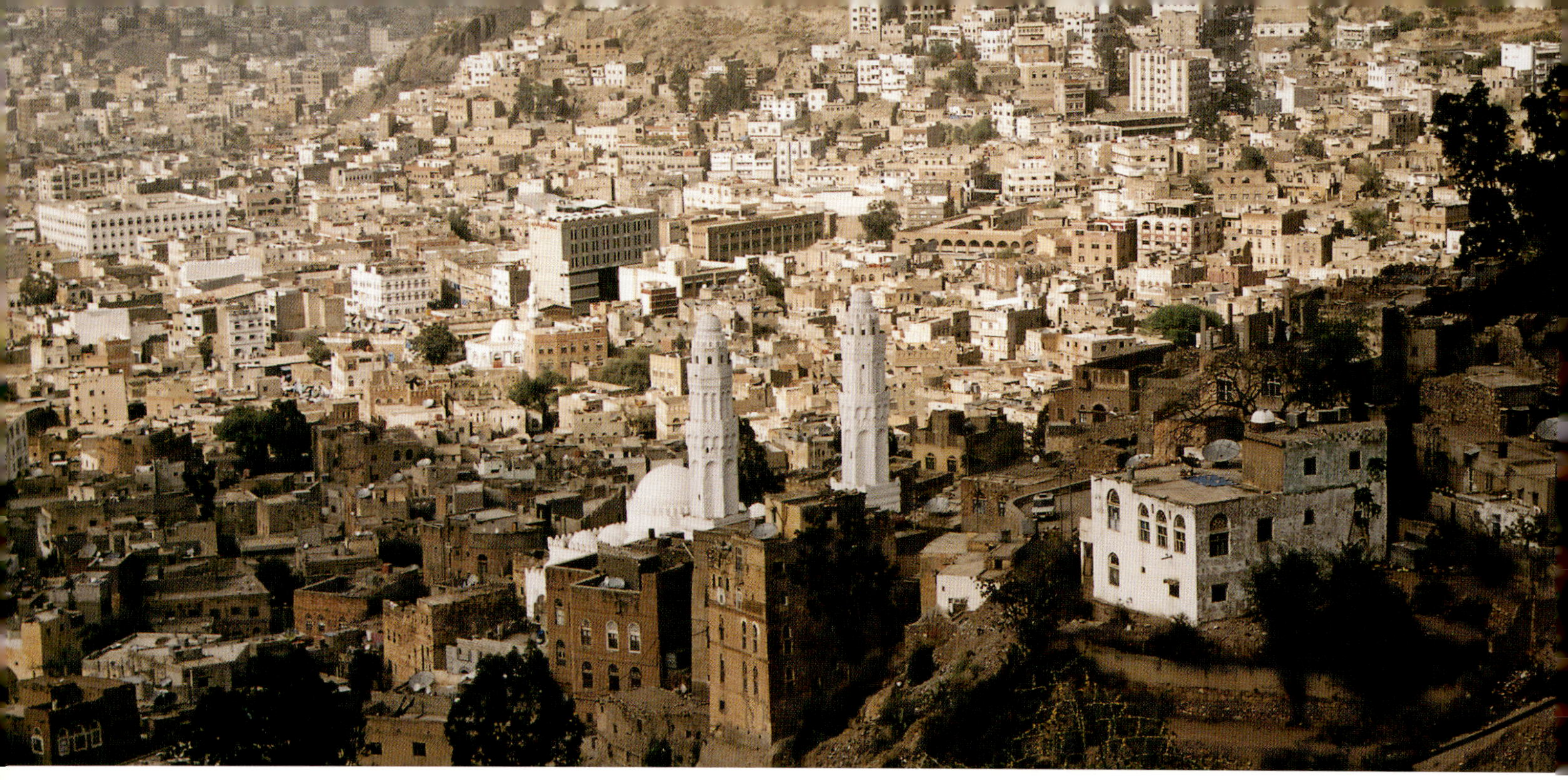

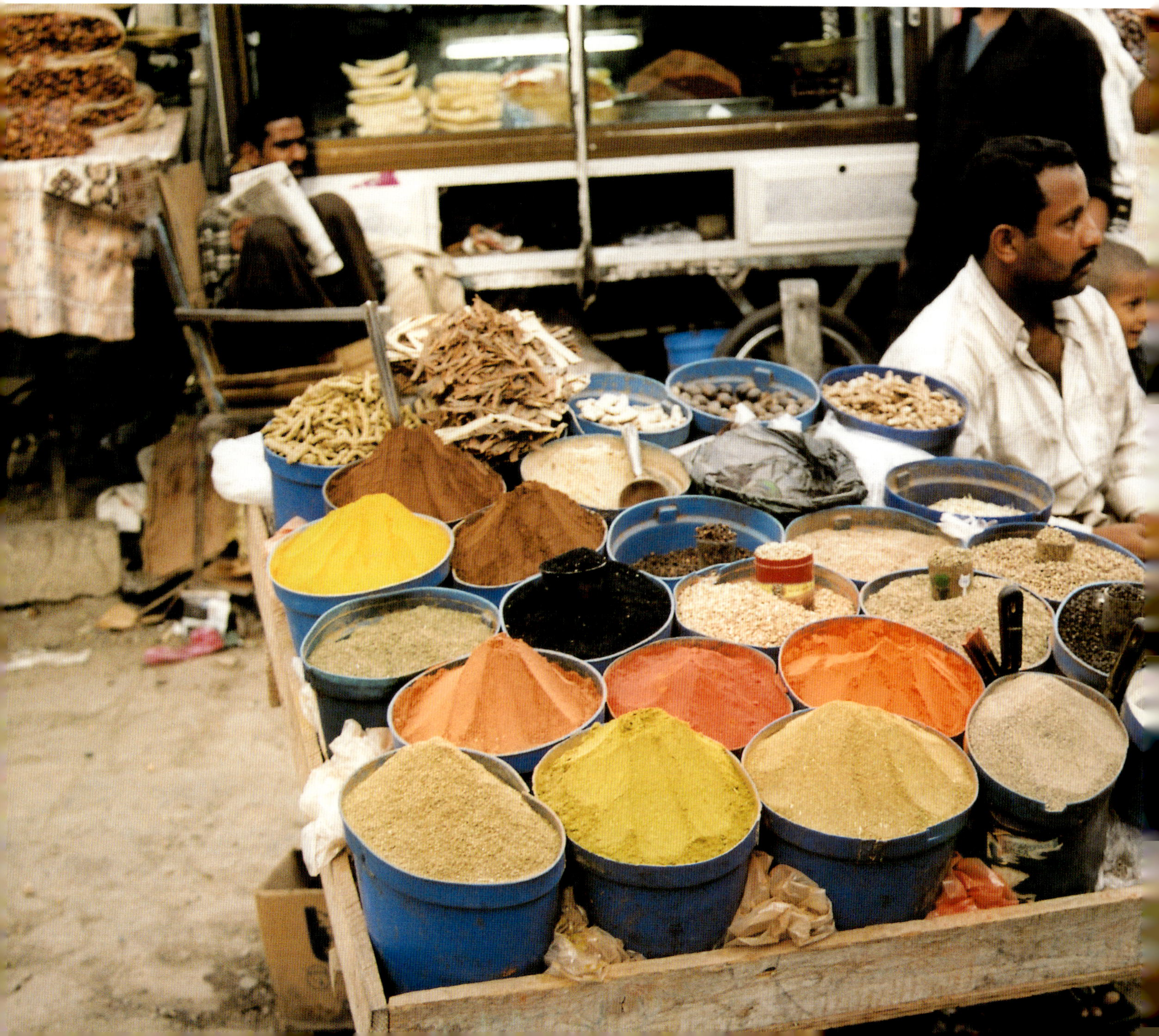

盆地の都市，タイズ

　タイズはイエメン第2の都市で，1948年から1962年の間は首都であった。標高は1400mあるので，気候は温和である。市街地の南にあるサビル山の麓にあるアル・アシュラフィアモスク（写真手前中央）は13〜14世紀に建てられたタイズの代表的なモスクである。タイズにはこの他にもモスクが非常に多い上に，山々に囲まれた盆地にあるので，騒音のない夜明け前のアザーン（礼拝の呼びかけ）は，まるで大合唱のように響き，中心部のホテルに投宿した最初の朝は，何か起こったのかと驚かされた。

「ヘンナ」を施す喫茶店の女主人

　「ヘンナ」という植物の葉を乾燥させて粉末にし，これを水に溶く。この溶液を細い棒か筆で肌に絵を描くと，簡単には消えないタトゥ（刺青）のような効果が得られる。女性のおしゃれとして，多くの人に使われている。

タイズのスーク（市場）

　スークは城壁に囲まれたメディナ（旧市街）にある。サナアのスークに比べれば，規模はかなり小さい。スパイスを売る店にしても，小さく飾り気がないところがよい。すいか やバナナを売る店でも，客を待つだけで活気がない。ここのスークは庶民的でのんびりしている。

153

ハババの貯水池

ハババはサナアからアラビア半島西岸を北上する街道沿いにある1700年の歴史を持つ古い村である。この街道は，古くはスパイスを運ぶ交易の道となり，その後はメッカへの参詣の道にもなった。村の中央には雨水を溜める貯水池（「ビルカ」という）がある。かつて他民族の攻撃を受けたときは，重要な役割を果たした。現在も生活用水として利用されているが，飲料水は村の外の湧き水がある所まで汲みに行かなくてはならない。

やぎの散歩

防御上の必要性から，この村でも家畜は1階の小さな明かり取りしかない部屋で飼われているので，家畜にとって散歩の時間は待ち遠しい。やぎ たちは明るい太陽の下に出ると，飼主より先にいつものコースをうれしそうに歩く。

水を飲みに来た らくだ

この貯水池を利用するのは子供たちだけではない。らくだも水を飲みに来る。最近は都市との間の物資の運搬はトラックに変わってきたが，近距離の運搬は今でも らくだ や ろば が活躍している。

双子都市，コーカバンとシバーム

　サナアの北西約55kmにコーカバンがある。城壁と急崖に守られた典型的な防御都市である（上の写真）。その崖下には同部族の町シバームがある。シバームは農業と商業の町で，町の中央にモスクがあり，町の周囲には広い耕地がある（右上の写真）。両者は長い間，助け合って生きてきた双子都市である。コーカバンは常に侵略者の接近を監視し，シバームは敵に襲われると，住民は350mの崖を駆け登って助けを求め，コーカバンの住民はシバームの住民を城壁内に入れて助けるのである。現在もシバームはポンプによってコーカバンに水を供給しているし，毎年両町共同で祭りを開催するなど，協力関係は今でも続いている。

> **豆知識**　サルタ鍋（コーカバン）
>
> 　イエメンには特に有名な料理はないが，サルタ鍋は高級感があり，何か祝い事があるときや外国人を接待するときによく作る。鍋を熱し，油でたまねぎを炒め，羊またはチキンのスープをベースに，トマト・卵・じゃがいも・米などを煮込み，各種スパイスで味付けをする（写真左の鍋）。コーカバンのレストランではじゃがいもと米はそれぞれ別の味付けをされ，副食扱いになっていたが，本来はじゃがいもも米もサルタ鍋の具の一つである。それに羊肉を加えることもある。円形のパン（写真右）はホブズで，雑穀がベースになっている。サルタ鍋は普通保湿力に優れた石鍋を使うが，土鍋または鉄鍋で代用することもある。これらの料理はスプーンで自分の皿に取り，ホブズは手でちぎって自分の皿に置き，料理と一緒に食べる。イエメン人はスプーンを使わずに手づかみで口に運ぶ。

| 豆知識 | 武器を売る店（シバーム） |

　大きな町にはジャンビーア（小刀）店が必ずあるが、シバームのジャンビーア店にはライフルも売っている。ライフルはジャンビーアと共に、成人男性の標準装備といえる。14～15才になれば、自分用のライフルを持つようになることも珍しくない。政府はライフルの輸入を禁止しているが、密輸され、堂々と店頭で売っている。結婚式などでは、爆竹と同じような感覚で、実弾を空に向けて撃ったり、標的に向けて射撃の腕前を試したりする。

　ライフルを持つ社会的背景は、イエメンは「部族社会」の色彩が濃いことと関係がある。イエメンのほとんどの人は宗教や言語を共有するアラブ人であるが、この中で先祖を共有すると考えられる血縁集団を「部族」といい、イエメン全土で約600の部族があり、その最も大きな単位である「部族連合」は三つになるといわれている。「部族」は土地や家畜、水などをめぐる争いが起こると、すぐに戦闘集団に変わり、それが大きくなると「部族連合」間の戦争になるのである。成人男性がライフルを持つことと同様に、国内には多くの防御集落があり、各家屋も防御重視の構造になっていることも、「自分の安全は自分で守る」という強い意識が伝統的に培われた結果とみることができる。

崖に守られた村，アルハザレイン

　イエメン東部に，東西に連なるハドラマウト渓谷があるが，その一角に1000年の歴史を持つアルハザレインの村がある。砂漠の中にある岩山の頂上に，突然高層ビル群が現れるのである（上の写真）。村の入口は限られており，周囲は急崖に守られ，村内は細い迷路のような道路で，外来者は村内を自由に歩くのは難しい。この村の特産物は蜂蜜である。住人は3階以上に住み，1・2階は家畜部屋と倉庫に利用し，小さな明かり取りだけで窓を作らない。家屋の入口は1箇所だけで，丈夫な木製の扉がついている（右上の写真）。崖の中腹にある家屋は，最近建てられたものである。

ワジ・ダハールのロックパレス

　サナアの北西15kmの緑豊かなワジ（かれ川）の一角にロックパレスがある。古来，この岩塊の上には建物の遺跡があったが，イエメンの支配者が別荘として改築し，1930年代まで使っていた。この別荘には深さ150mの井戸が掘られている。こんな所に宮殿を造るとは，いかに物騒な時代であったかを物語っている。

要塞の村，アル・ハジャラ

　標高2300mの山頂に造られた要塞の村で，周囲を石積みの城壁で囲まれている。城門は1箇所だけで，狭い道と階段が多いため，食料や水を運ぶのはろばに頼る。すべての家は4～5階建ての石造りの家屋で，1階は防御上窓がなく，換気と明かりとりの穴だけで，2階以上に住む。独特の美意識で窓の形を決め，漆喰を使った装飾を施した建物，まるで中世の村に迷い込んだようだ。こうした生活習慣や美意識は，1000年も昔から変わっていないようだ。

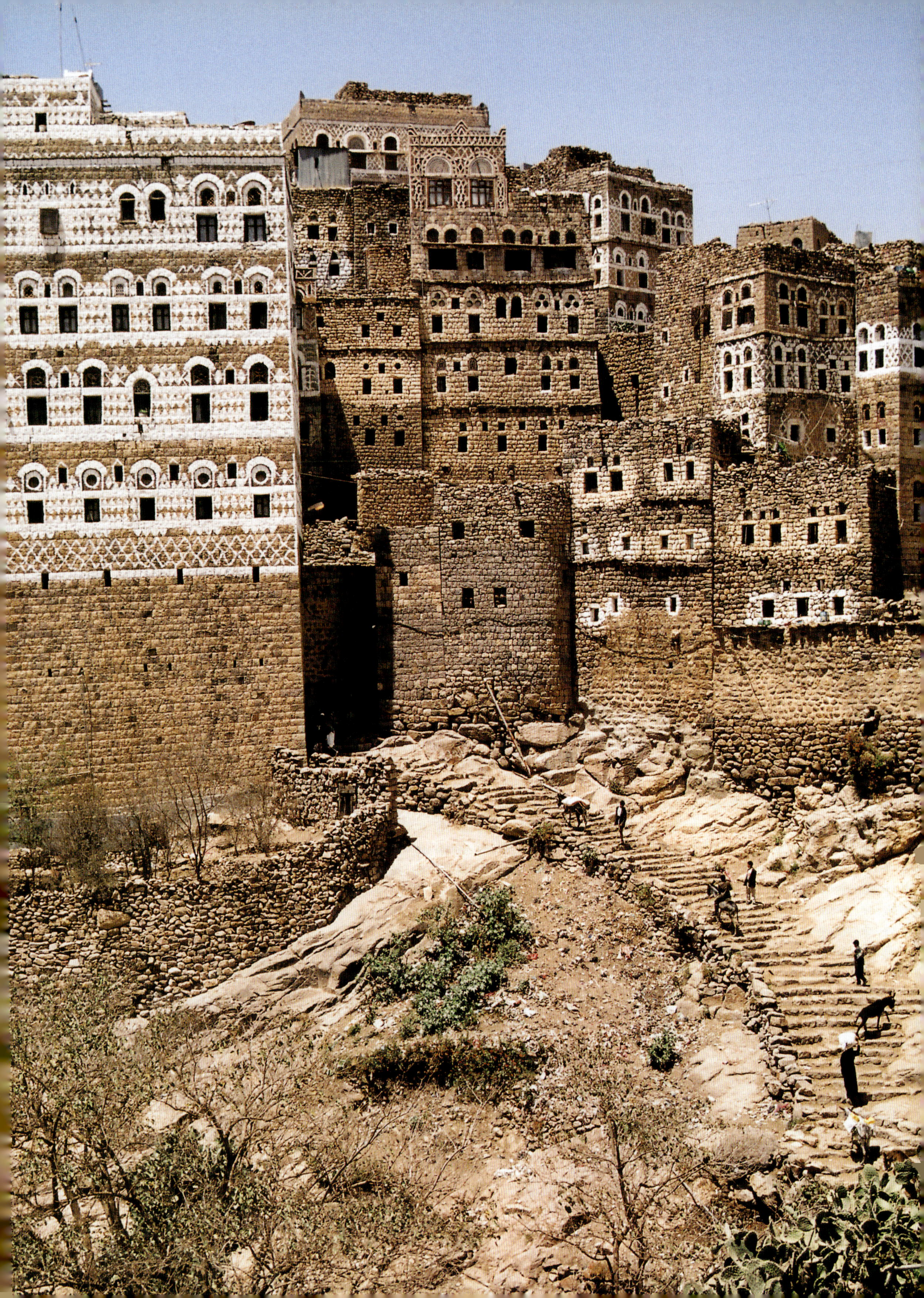

山頂マーケットの村,マナハ

　マナハはイエメンの最高峰ナビーシュアイブ山(3760m)の近くにある標高2200mの山の上にある。個人の住宅は1階に窓を造らない丈夫な石造りにして,外敵の侵入を防いでいる(右ページ上の写真)。村のメインストリートが通る中心部では,毎週火曜にマーケットが開かれ,村の周辺にある畑で収穫したものがマーケットに並ぶ(上の写真)。マーケットは売買の場所であると同時に,情報交換の場所でもあるので,多くの村人がここに集まる(左下の写真)。マナハは1200年の歴史をもつ村で,伝統的なジャンビーアダンスも若い男たちに引き継がれている(右下の写真)。このダンスはイスラームの祝祭日,結婚式などの祝い事の場では必ず踊られる。

豆知識 カートの栽培と売買

　カートはあかね科の樹木で，標高1000〜2500mの山岳地で栽培される。カートの生の葉を噛みくだいて，そのエキスを飲み込むと，軽い神経興奮作用が得られる。このとき噛みかすを呑み込んだり，吐き出したりせずに，片方の頬の内側に溜める人が多い。その様子は，丁度ゴルフボールが頬に付いたようになる。西アジアでは麻薬の一種として栽培や売買を禁止している国が多いが，イエメンでは合法的嗜好品で，多量に流通している。上の写真はマナハの段々畑で，そこで栽培されている樹木はカートである。以前はコーヒーを栽培する農家が多かったが，最近はカートに変える傾向にある。下の写真はマナハのマーケットで，村人たちがカートの売買をしている。

　イエメンの多くの男性は，毎日昼食後に友人，親戚などの家に集まってカートを噛み，部屋の中央に置いた水タバコを囲んで回し飲みし，各々勝手におしゃべりをする。これがカートパーティーで，友人たちとの社交の場，親戚との絆の確認の場となる。

161

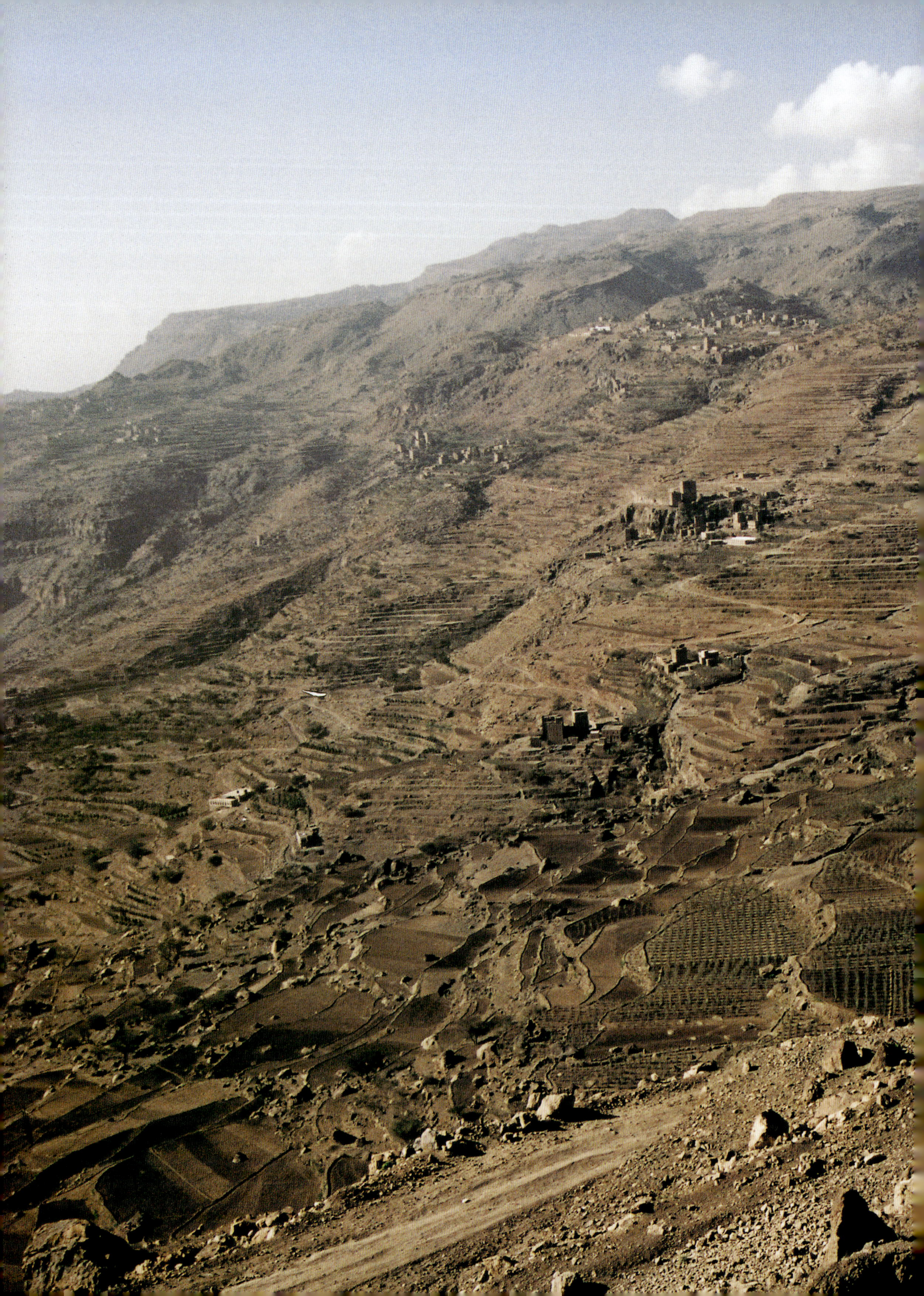

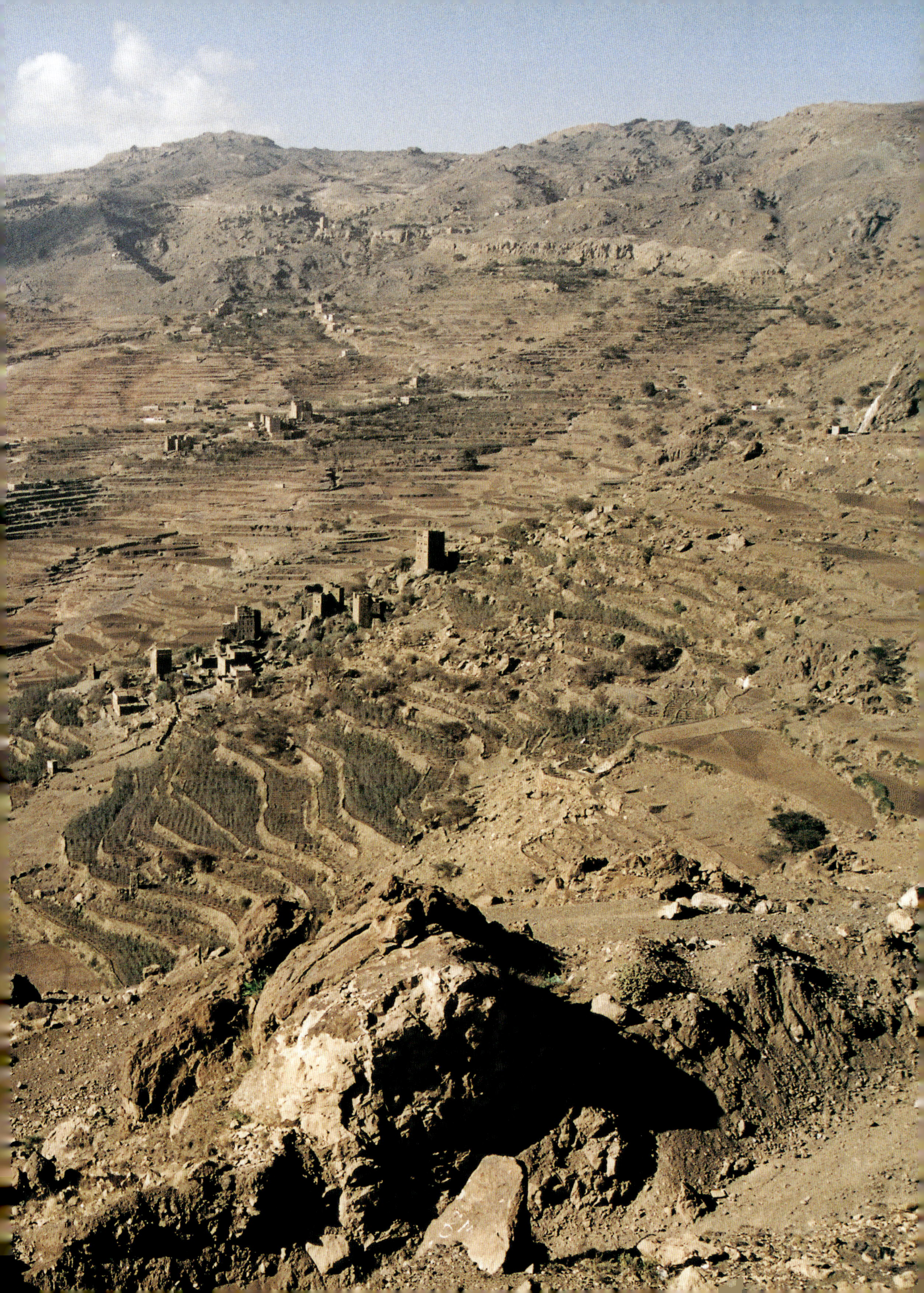

焼物の町，ハイス

　イエメン西部の山地と紅海に挟まれた細長い紅海沿岸平野は「ティハマ」と呼ばれ，サナアやタイズとは全く異なる高温多湿の地域である。ここでは農業が盛んで，イエメンの農業生産高の半分を生産している。そんな農業地帯の中にハイスの町はある。この町は焼物の町として知られ，町の中央には大きな焼物店がある（上の写真）。その店を取り囲むようにさまざまな店が集まって，マーケットを形成している。家畜の飼料を売る店（下の写真），すいかを山のように積み上げて売る店，焼とうもろこしだけを売る店など，マーケットをひと回りすると，町の周辺で今何を生産しているかがわかる。

〈162-163ページの写真の説明〉

山岳地帯の村，アル・ハイマティ

　サナアから西に向かって紅海沿岸に到達する間には，アラビア半島で最も標高の高い山地が連なっている。その中にアル・ハイマティがある。標高が2700mもあるのに，段々畑がつくられ，作物が栽培されている。それは春から夏にかけて紅海から吹き込むモンスーンによって，山地の西斜面に多量の降雨をもたらすためである。ここでは侵入者から身を守るために，各々の家は石造りにし，1階には窓を設けず，2階以上の窓も小さくするなどの工夫が施されている。

ハイスのマーケット

　この庶民的な果物店のように，テントで日陰をつくっている店が多いが，気温40℃の炎天下に露天で店を出す人もいて，たくましさを感じる。また，ジュース店には，なぜか鈴なりのマンゴーが吊してある（左下の写真）。周辺の村からこのマーケットに来る方法は，人も商品も小型トラックに頼っている（右下の写真）。その小型トラックのほとんどは日本製である。そしてこのマーケットにもアフリカ系の人が大変多い。

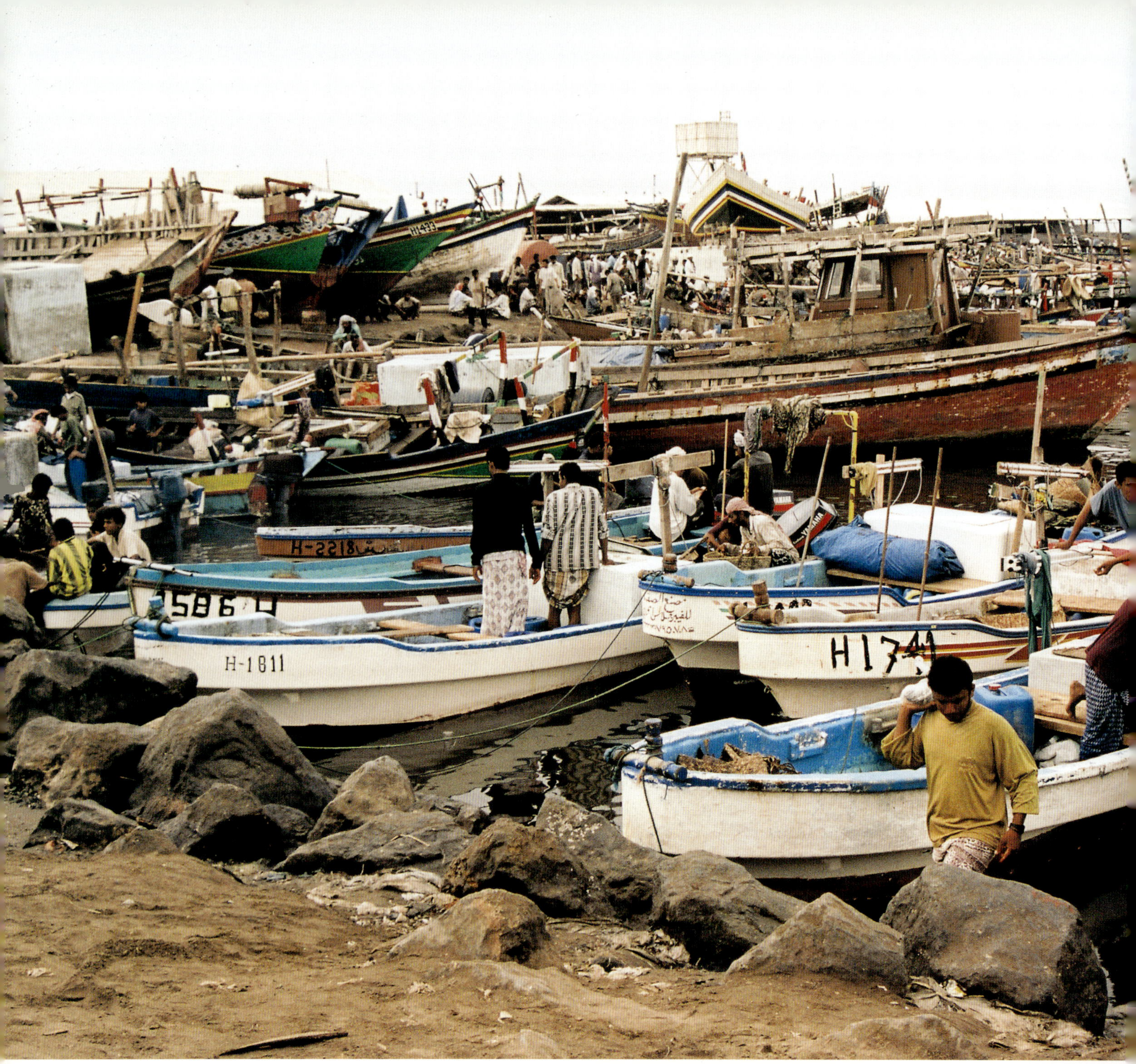
H-2218
H-1811

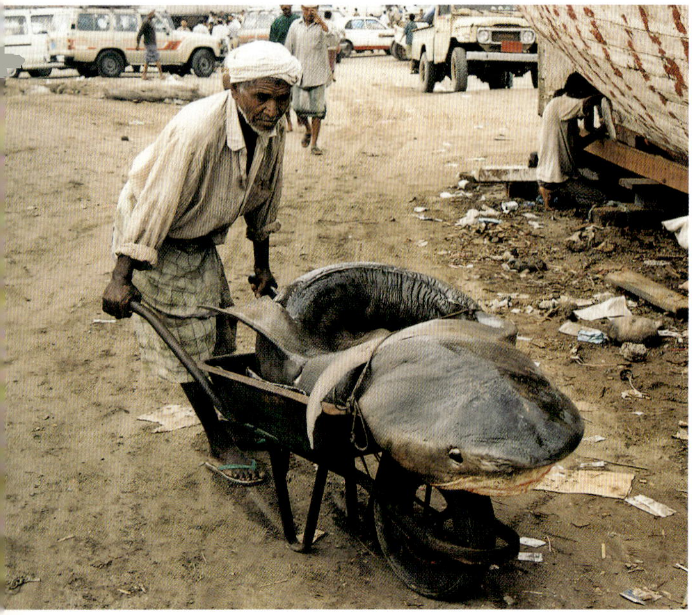

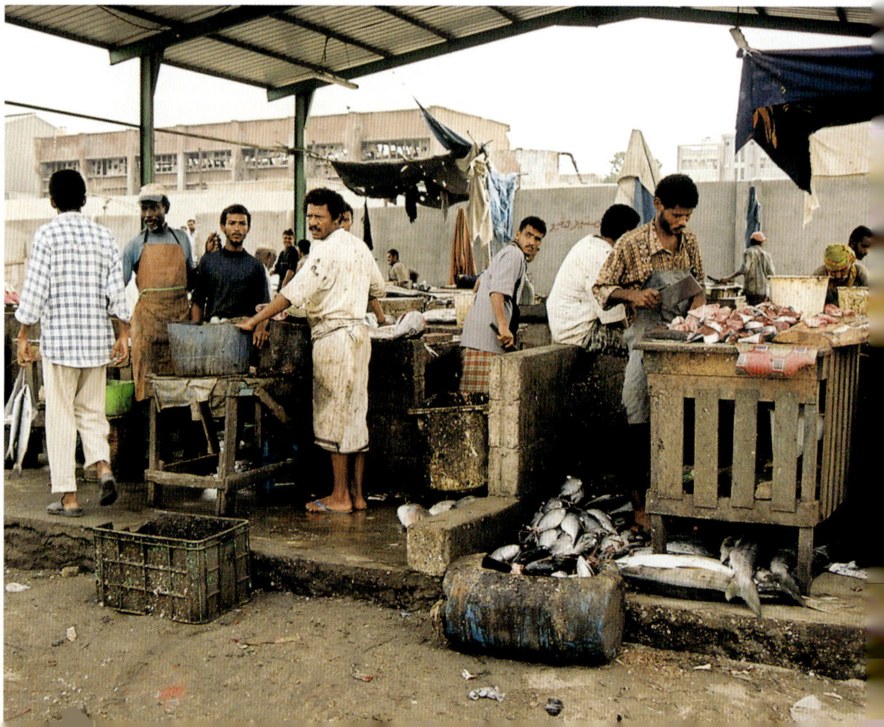

フダイダ漁港

フダイダは紅海に面したイエメン第4の都市、国際貿易港として第2の港、漁港としては第1の港である。早朝の漁から戻った漁船が港を埋め（左の写真）、漁船から水揚げした魚を売買する場所や加工する場所に運ぶので（左下の写真）朝は浜の方も込み合う。売買する場所は建物の中だけではなく、漁船の上でも行われる（下の写真）。ここで働く人はアフリカ系の人が大変多い。紅海南部はアフリカ大陸との距離が近いためであろう。紅海漁場は魚種が多く、まぐろ・かつおなどのほか、さめも多い。最近はフダイダ・サナア間の道路が整備されたので、ここで水揚げされた魚はサナアで流通するようになった。

現地リポート　海水浴をするカップル

紅海に沈む太陽を見るため、夕方、漁港近くの海水浴場を訪れた。そこには地元のカップル1組だけが海水浴をしていた。男性は海水浴にふさわしい姿をしていたが、女性は全身を黒い衣裳で覆った「シャリシャフ」のままだった。最初は、外出着のまま海に入っていることに違和感を感じたが、二人が戯れる様を見ていると、中身は日本の若い恋人たちと同じ感情を持つ人であることがわかり、ほっとした。

サイユーンの中心部

　アラビア半島最大のワジ（かれ川），ハドラマウト渓谷の中心都市サイユーンは美しいオアシスの町である。町は なつめやし の緑に囲まれている。この町の人口は約3万，町の中央広場に面してモスク（上の写真）と宮殿（右の写真）がある。この宮殿には1960年代までこの地のスルタン（支配者）が住んでいたが，今は博物館になっている。中央広場の周囲には，スーク（市場）やホテルもある。

スークの野菜店

　王宮のすぐ隣にスークの大きな建物があるが，屋外にも店が溢れ，傘やテントで日陰をつくっている。市街地に隣接する広い耕地では野菜や果物が栽培されているが，このスークでも日本でお馴染みの野菜や果物が豊富である。

蜂蜜を売る人たち

　中央広場の一角に，蜂蜜を売る人たちがいる。前を通る人に声をかけ，味見を勧める。このポリタンクの中は全部蜂蜜なのである。砂漠の中にあるハドラマウト渓谷には，オアシスが点在し，そこで なつめやし が栽培され，同時に養蜂を行っている。不毛の土地である砂漠の中にも，高い生産を上げる場所がある。それがオアシスなのだ。

169

クローズアップ　日干しれんが造り（サイユーン郊外）

日干しれんがは，サハラ砂漠から西アジア，中央アジア，中国に至る乾燥地域および南アメリカの乾燥地域など広い範囲で見られる。イエメンでも家屋の最も重要な建築資材として，古くから普及している。その造り方は概ね次の通りである。

1. 粘土に水をかけて，均等にやわらかくなるようにこねる（写真①）。
2. それに短く切った わら を入れて，かき混ぜる（写真②）。
3. それを手押し車に載せて平らな場所に運び，日干しれんが一つ分の山に小分けする。
4. 小分けした粘土の山に木枠を当てて手で平らにし，形を整える（写真③）。
5. 木枠をはずし，そのまま2～3日天日にさらせば日干しれんがができる。

以上はすべて手作業で行われる。

豆知識　日干しれんがの家造り

　日干しれんがで家屋を建てる場合は，計画した間取りの通りに日干しれんがを並べ，その上に次々と平積みをする。鉄筋などの補強材を使うことはなく，積み上げるだけである。したがって，日干しれんがの大きさが壁の厚さになる。この厚さが外気の高温を室内に伝えない断熱効果を生む。

　イエメンでは高層家屋を建てることがよくあるが，その場合は大きさの異なる数種の日干しれんがを用意し，大きい日干しれんがから積み上げ，上部程小さい日干しれんがを使う。こうすることで，重量の負担を軽減し，建物の安定を増す。左の写真でわかるように，高層家屋は上部程隣の家屋との間隔が広くなるのは，このようにするためである。最後に漆喰で日干しれんがの凹凸を埋め，表面の仕上げをする。

171

172

「砂漠のマンハッタン」シバーム

　石と日干しれんがで造られた建物は5〜8階建てで，城壁で囲まれた狭いスペースに500棟が密集している。現在の高層家屋が建てられ始めたのは8世紀頃からで，一部崩れた家屋もあるが，ほとんどは現在まで何世紀にもわたって人が住み続けてきた。左の空中写真で，高層家屋が密集している様子とワジ（かれ川）をはさんで手前には新しい町が広がっていることがわかる。シバームは1982年に世界遺産に登録された。

あとがき

　本書のような写真中心の出版物をつくる作業は、写真選択にしてもレイアウトにしてもどれも楽しい作業だった。ただし、想定したページ数の中で、多くの写真を掲載したい気持ちにかられて枚数を増やせば、各写真は小さくなって写真の良さを殺してしまうので、その調節がむずかしかった。また、出版の各工程が、私の頭の中にあるそれと著しく変わっているのに驚いた。技術の進歩は予想以上だった。顧みれば、出版に限らず、日本社会の中にはさまざまな変化があったことに気付く。たとえば、「ニート」という言葉に表れている職業に対する意識、「赤ちゃんポスト」に見られる子供に対する親の意識、こうした意識の変化は、10年前には顕在化していなかった。このような変化は歓迎できないが、携帯電話の多機能化、電子マネーの普及など、技術の進歩に伴う変化は使い方を間違わなければ、有用な変化である。しかし、技術がどんなに進歩しても、人間が頭で判断しなければならないことは減らないだろう。そして、機械に取って替われない分野はなくなることはないと思う。ボタンを押すだけでテレビ画面で見られる風景と、同じ風景を現地に行って見るのとは大きな違いがある。現地には風がある。気温も湿度も違う。臭いが違う。視野が違う。そして現地に行くまでの経過がある。これらが総合されて、テレビとは違うものを感じ、時には感動する。美しい風景や雄大な景観、遺跡に見る先人の偉大さに感動するだけではない。そこに住む現地の人々の生活に触れ、その環境に適合して生きるために懸命の努力をしている姿を見たとき、また旅の先々で接する人々との交流、特に子供たちの純真な心に触れることができたとき、その旅の価値は倍増する。

　旅は感動を与えてくれると同時に、さまざまなことを学ばせてくれる。旅に出るとき、何かを感じ取ろうとするアンテナさえ持っていれば、たとえ1週間でも、机上の1週間の勉強より多くのことを学ばせてくれる。

　一方、国内では子供が犠牲になる事件が頻発している。これを防ぐために、登下校時に教師や父兄による監視の目を厳しくするなどの対策がとられている。また、知らない人から声をかけられたら、「逃げる、大声を出す、知らせる」などを子供たちに教えているところもあると聞く。このことには抵抗感を感じる。知らない人すべてを不審者と見させる点で、残念なことである。昔は「他人には親切にしよう」「困っている人には進んで助けよう」と教えられた。今はそれが逆になっている。子供が本来持っている純真な心を捨てさせる教育ともいえる。このような教育を受けた子供が大人になったとき、どんな人間になるのだろうか。恐ろしいことになるような気がしてならない。このような教育をしている国は、世界190ヶ国のうち何ヶ国あるだろうか。皆無だと思う。当面の子供の被害を食い止める対策と共に、長期的かつ根本的なところから組み立てる教育、つまり加害者をつくらない教育を考えるべきと思う。

　子供の躾は、まず母と子の信頼感の上に行うのは当然で、そのために肌を接したり、抱きしめたりして、心を開いて話をすることから始める必要がある。これ

が子供の躾の原点であることを，私はナミビアのヒンバの人々に学んだ（P.51参照）。これで人間同士の信頼感が育まれる。人間同士の信頼感なしに，加害者を出さない社会をつくるのはむずかしい。

　親は家族の糧を用意する責任がある。しかし，忙しさを理由に子供の躾をしないで，子供の将来を台無しにすることは許されない。親が子供を躾および教育をする際に重要なのは，正しい判断力である。今はさまざまな情報を容易に入手できるようになったので，その助けを借りるのもよいだろう。しかし，よりよい方法として，できればさまざまな場所に出向いて，現地の空気を吸い，多くの人々と接して，さまざまな人生観・世界観を吸収すれば，判断力はより確実なものになる。たとえば，地中海沿岸の国にある壮大な古代ローマ遺跡を選んだら，それが建設された当時の時代背景やそれが廃墟となった原因などを現地で確認することが，強い印象となって歴史の教訓を心に深く刻むにちがいない。人間は数千年の交流の歴史を持っている。その中には戦争も多い。そして戦争の勝者が永遠に繁栄するのではないことも歴史は証明している。私たちは歴史からもっと多くのことを学ぶべきである。

　日本は特別に裕福な国，強い国になるべきとは思わない。日本を訪れた外国人が，再び日本を訪れたいと思うような平和な日本であればよいと思っている。子供たちが本来持っている純真な心を捨てさせるような教育や躾が，1日も早く不必要になることを願って止まない。

　本書が海外への旅を誘い，各国の人々と接してさまざまなことを学び，教育を通して子供たちに伝わり，結果として日本の平和な社会の実現に，少しでも役に立つことを願っているが，写真の説明が不十分で，訴えるべき主張がぼけてしまったものもあるかもしれない。これらはすべて私の能力不足に起因したもので，お詫びするしかない。

　写真に撮った内容の中には，現地での名前や使い方，作り方などを，その場で確かめられなかったものもあり，帰国後にそれを教えてくださったマリ大使館のギセ マイムナ ジャル大使，京都大学大学院アジア・アフリカ地域研究研究科・エチオピア研究者グループの先生方には，この場を借りてお礼申し上げたい。また，本書の出版が実現できたのは，出版の決断をしてくださった株式会社帝国書院の守屋美佐雄社長をはじめ，編集面で支援してくださった荻野和一郎常務，その他多くの社員の皆様および写真の再現に高い技術力を発揮していただいた株式会社プロストの皆様のお陰であり，改めてお礼申し上げたい。また，出版の前提となった度重なる海外旅行に，文句もいわずに送り出してくれた家族にも感謝したい。

　　　2008年1月

　　　　　　　　　　　　　　　　　　　　　　　　　　　　　　　齊藤　隆

さくいん

あ

- アイット・ベンハドゥ……………………81
- アインムーサ……………………108
- アウレリアヌス……………………120
- 赤い砂丘……………………38
- アカシア……………………6
- アカバ……………………134
- アカバ湾……………………109
- アクスム王朝……………………52
- アクセサリー……………11・29・50・65・67・108
- アザーン（礼拝の呼びかけ）……………153
- アスワン……………………104
- アスワンハイダム……………………104
- アタテュルク……………………115
- アタテュルク廟……………………115
- アディスアベバの聖ギオルギス教会………54
- アトラス山脈……………………81・83
- アナトリア高原……………………116
- アナトリア進攻……………………116
- アバヤ湖……………………63
- アブ・アリ川……………………141
- アブシンベル大神殿……………………107
- アフメトⅠ世……………………110
- アフリカはげこう……………………59
- アモン大神殿……………………103
- アラビア語……………………136
- アラビアのロレンス……………………81・134
- アラビアンナイト……………………146
- アラブ人……………………157
- アリ＝ワリードⅠ世……………………127
- アル・アシュラフィアモスク……………153
- アル・ハイマティ……………………164
- アルハザレイン……………………158
- アル・ハジャラ……………………158
- アルバミンチ……………………59
- アレキサンダー……………………114
- アレッポ城……………………122
- アロコ……………………15
- 粟……………………28
- アンカラ……………………110・115
- アンジャル……………………140
- アンティレバノン山脈……………………140・145
- アンマン……………………133・137
- アンマン城……………………137

い

- イエメン共和国……………………146
- イエメン人……………………151
- イエメン門……………………146
- 石切場……………………98
- 異常気象……………………26
- イスタンブール……………………110
- イスラエル……………………52・109・143
- イスラミックセンター……………………14
- イスラーム……………………127・148・151・160
- イスラーム教徒……………13・14・27・129・144
- イスラーム軍……………………116・130・137
- イスラーム圏……………………96・123
- イスラーム世界……………………90・97
- イスラーム地区……………………96
- イスラーム都市……………………90
- イスラーム文化……………………89・96
- イスラーム暦……………………14
- 一夫多妻制……………………48・68
- イドリース朝……………………79
- 刺青……………………29・153
- インディージョーンズ……………………132

う

- ウェルウィッチア……………………41
- 雨季……………………6・45
- ウクバ＝イブン＝ナーフィ……………………90
- 臼……………………28
- ウマイヤ朝……………………90・127・140
- ウマイヤ＝モスク……………………127
- 海の砦……………………143

え

- エキメキ……………………136

エーゲ海	114
エコルコラニック	27
エジプト・アラブ共和国	94
エジプト古王国時代	104
エジプトはナイルの賜	94
エチオピア革命	52
エチオピア高原	57
エチオピア正教	54
エチオピア連邦民主共和国	52
エトーシャ国立公園	44
エトーシャパン	44
エド・ディル（修道院跡）	130
エフェソス	114
エリッサ	84
エルサレム	133
エルジェム	89
エルジェム円形闘技場	89
エル・ハズネ（宝物殿）	132
エルボレの人々	70
円形闘技場	89
塩性湿地	44
エンセーテ	60

お

オアシス	83・118・120・168
黄金都市	20・26
オカクヨ	44
オスマン帝国	110・115
オダナイト王	120
オベリスク（方尖塔）	103
オモ川	70・73
オリエント	118
オリックス	45・47
オレンジ川	38
オロンデス川	124
温暖化	26

か

海上貿易	84
階段ピラミッド	98
カイルワン	89・90
カイロ	94
カサブランカ	77
カスバ（要塞）	83・87・123・141
カスバ街道	83
カッパドキア	116
カッファ	57
カーデンコーヒー	57
カート	161
カートパーティー	161
ガーナ王国	26
カフェイン	57
カフラー王	98
過放牧	26
上エジプト	104
仮面踊り	33
カヤファ村	64
カリテの実（どんぐりのような実）	30
カリテバター	30
カリフ	140
カルタゴ	84
カルタゴ軍港跡	86
カルナック神殿	103
カレバス	17・28・30・34
カロ（の人々）	67・73
岩塩	64
灌漑	34
乾季	6・34・45
岩窟教会	52
岩石砂漠	92・134
ガンモ＝ゴファ州	60

き

奇岩	116
ギザ	98
奇想天外	41
喫茶店	129
杵	28
ギボン	120
キャラバン	26
キャラバンサライ（隊商宿）	123・141・149
旧市街	11・74・113・127・146
丘上集落	92

177

牛糞……………………………………49
旧約聖書………………………………108
ギリシア正教…………………………133
キリスト教…………………………52・137
キリスト教国家………………………110
キリスト教徒………………………129・144
きりん……………………………………45
金角湾…………………………………112

く

屈折ピラミッド…………………………98
クフ王……………………………………98
クラック・デ・シュバリエ…………125
グランドバザール……………………113
グランモスク……………………………90
クレオパトラ…………………………120
グレートリフトヴァレー（大地溝帯）……59・70
薫製川魚…………………………………16

け

血縁集団………………………………157
穴居住宅…………………………………93
月曜マーケット…………………………67
ケテマ……………………………………56
ケマル＝パシャ………………………115
ゲモノ村…………………………………58
建国の父………………………………115

こ

交易都市…………………………………26
紅海……………………………………167
公衆トイレ………………………………89
コーカバン……………………………156
穀物倉庫…………………………………33
コゴリ村…………………………………33
古代エジプト王国………………………98
コチョ……………………………………60
黒海……………………………………113
コートジボワール…………………………9

子供の躾…………………………………51
コーヒー………………………………56・64
コーヒー栽培……………………………57
コーヒーセレモニー……………………56
コーヒー豆………………………………56
コラ………………………………………30
コーラの実…………………………………9
コーラン……………………………25・27
コリント式……………………………138
コロッセウム（円形闘技場）…………89
コンコルド広場………………………103
コンスタンティヌス帝………………110
コンスタンティノープル……………110
コンソの人々……………………………58
ゴンダールの城…………………………54

さ

サアード朝………………………………74
サイダー（シドン）……………138・143
サイダーの砦…………………………143
サイユーン…………………………168・170
砂丘………………………………………38
ザグーアン………………………………90
ザグーアン山……………………………90
ザグウェ王朝……………………………52
サッカラ…………………………………98
さとうきび………………………………63
サナア…………………………………146
サナンコロバ村…………………………30
砂漠…………………26・40・121・134・158・173
サハラ砂漠…………………………20・74・81・92
サハラの青い戦士………………………26
サビル山………………………………153
サラディン………………………………98
サラディン廟…………………………127
サルタ鍋………………………………156
三角州…………………………………104
サンガ村…………………………………33
サンコーレ・モスク……………………26
ザンナ…………………………………151

し

- ジェセル王……………………………98
- ジェンネ………………………………6・11
- ジェンネの月曜市…………………… 8
- 塩………………………………………20
- 死海……………………………………133
- 自給自足………………………………51
- ジジャーラ……………………………63
- シタデル………………………………98
- シターラ………………………………151
- シディ・ブ・サイド…………………87
- シナイ半島……………………………108
- シバ王国………………………………146
- シバの女王……………………………52
- シバーム………………………… 156・173
- しまうま………………………… 45・46
- 下エジプト……………………………104
- シャバナ………………………………56
- ジャマ・エル・フナ広場……………74
- ジャラシュ……………………………137
- シャリシャフ…………………… 151・167
- シャルム アル シェイク……………109
- ジャンビーア（小刀）………… 149・151・157
- ジャンビーアダンス…………………160
- 褶曲……………………………………135
- 十字軍……………… 123・125・130・141・143
- じゅうたん……………………………133
- 出エジプト記…………………………108
- ジュバイル（ビブロス）……… 138・142
- ジュピター神殿………………………138
- しゅもく鳥……………………………59
- 巡礼者…………………………………127
- 正月……………………………… 14・30
- 少数民族………………………………72
- 植生破壊………………………………26
- 植民都市………………………………84
- シリア・アラブ共和国………………118
- シリア砂漠……………………………120
- シルクロード…………………………118
- ジンガリベリモスク…………………26
- 新約聖書………………………… 127・129

す

- 水道橋…………………………………90
- スカーフ…………………………123・129
- スーク（市場）………74・123・128・141・148・153・169
- スーダン領……………………………105
- スネフル王……………………………98
- スパイス（香辛料）……………64・149・153
- スフィンクス…………………………98
- スプリングボック……………………46
- スルタン（支配者）……………112・168
- スルタン=アフメト=ジャミイ………110
- スール（ティル）……………………138
- ズワイ湖………………………………59

せ

- 聖ギオルギス…………………………54
- 聖ジョージ教会………………………133
- 聖パウロ………………………………129
- 清涼飲料水…………………………… 9
- ゼウス神殿……………………………137
- 世界遺産………6・33・74・79・81・89・96・98・118・124・127・130・138・140・142・148・173
- セグー…………………………………37
- セサ……………………………………15
- セティⅠ世……………………………103
- ゼノビア………………………………120
- 洗濯場…………………………………23
- 洗濯屋…………………………………22

そ

- 象………………………………………45
- ソッサスブレイ………………………40
- ソロモン王……………………………52

た

- 太陰暦……………………………14・151
- 第3次ポエニ戦争……………………86
- 隊商宿……………………………123・141・149
- タイズ…………………………………153

大西洋……………………………………38
太陽暦……………………………………14
タウデニ…………………………………20
だちょう…………………………………45
脱穀………………………………………28
タトゥ（刺青）…………………………153
タナ湖……………………………………54
タバコ…………………………………63・67
ダハシュール……………………………98
ターバン…………………………………151
ダマスカス……………………………127・128
たまねぎ………………………………34・62
タメズレット……………………………92
タメルザ渓谷……………………………93
タラブルス（トリポリ）……………138・141
ダンス……………………………………68
段々畑…………………………………58・161
タンネリ…………………………………79

ち

チェンチャ村……………………………63
地殻変動…………………………………135
地溝帯……………………………………135
地中海………………84・113・118・138・142・144
地中海性気候……………………………144
チャガ……………………………………58
チュニジア共和国………………………84
チュニス…………………………………84

つ

ツェマイの人々…………………………71

て

ティハマ………………………………151・164
ティムール軍……………………………123
テオドシウスII世…………………………113
テーベ……………………………………103
デューン45………………………………38

と

トゥアレグ人…………………………20・25・26
東西交易路………………………………123
ドゥッガ…………………………………89
ドゥッガ遺跡……………………………89
とうもろこし……………………………48
トゥルカナ湖……………………………73
トゥルミ…………………………………67
ドゴン人………………………………33・34
都市国家………………………………138・143
トトメスI世………………………………103
トプカプ宮殿……………………………112
土曜マーケット…………………………63
トルコ共和国……………………………110
トルコ語…………………………………136
ドルゼの人々……………………………60
奴隷………………………………………25
トンブクトゥ…………………………8・20・26

な

内陸河川…………………………………73
ナイル川………………………………94・105
ナセル湖…………………………………105
なつめやし…………………………83・120・168
ナバタイ人……………………………124・130
ナビーシュアイブ山……………………160
ナミビア共和国…………………………38
ナミブ砂漠……………………………38・41
なめし革…………………………………79
ナン………………………………………136
難民テント………………………………145

に

ニジェール川………………………6・16・20・23
ニジェール渓谷…………………………6
西ベイルート……………………………144
乳香………………………………………146

ぬ

- ヌー……47
- ヌビア人……104

ね

- ネックレス……70
- ネフェルタリ……107
- ネブラウニの水場……45
- ネボ山……133

の

- 農耕民族……34・58

は

- ハイス……164
- バイブル……142
- ハイレ=セラシエ皇帝……52
- ハウス……57
- バオバブ……37
- バター……48
- バーチェルズゼブラ……46
- 蜂蜜……169
- バッカス神殿……138
- ハッサンⅡ世モスク……77
- ハトシェプスト……103
- ハトシェプスト葬祭殿……103
- 鳩の岩……144
- ハドラマウト……151
- ハドラマウト渓谷……158・168
- バナニ村……33
- バニ川……17
- ハババ……154
- ハババの貯水池……154
- バーバルヤマン……146
- パピルス……70
- バヒルダール……54
- バマコ……13
- ハマーの水車……124
- ハマルの人々……67・68
- ハラブ……123
- ハラール……57
- バルトー……151
- バールベック……138
- パルミラ……118・120
- パレスチナ……133
- パレスチナ難民……145
- パレスチナ問題……143・145
- パン……136
- バンディアガラの崖……33・35
- バンバラ人……30
- ハーン・ハリーリバザール……96
- ハンマメット……87

ひ

- 東ベイルート……144
- 東ローマ（ビザンツ）帝国……110
- ヒクソス……103
- ビザンツ帝国……137
- ビザンツ様式……140
- ヒジャーブ……151
- ビッタ……68
- ピナンス……17
- ビブロス遺跡……142
- 日干しれんが……11・81・150・170
- ヒムス……125
- ビュルサの丘……84
- ひょうたん……17・48
- 肥沃な三日月地帯……118
- ピラミッド……94・98
- ビール……58
- ビルカ……154
- ピロッグ……17
- ヒンバの人々……48

ふ

- ファシリデス帝……54
- ファーティマ朝……97
- ブゥマンデュダデス……83
- フェス……79
- フェス・エルジェディード……79

フェス・エルバリ	79
フェニキア	84・138・143
フォニオ	15
不思議の城	54
ブスラ	124
フセイン広場	96
部族	157
部族連合	157
フダイダ	167
双子都市	8・156
ブメの人々	70
フラニ人	28
ブルジャンピング	68
ブルーモスク	110
ブレスレット	70

へ

ベイルート	138・142・144
ベカー高原	138・145
ベドウィン	90・108・121・134
ペトラ	130
ヘラクレス神殿跡	137
ベラ人	25
ペルシア語	136
ベル神殿	118
ベルベル人	74・81・93
ベンゲラ海流	38
ヘンナ	153
ヘンナの葉	9
ベンナの人々	64・67

ほ

防御集落	157
防御都市	156
縫製職人	20
ポエニ戦争	84
牧畜民	59
ボスポラス海峡	112
ホブズ	136・156
ほろほろ鳥	70

ま

マクハ	129
マグレブ地方	74・90
マーケット	13・20・54・63・83・160・165
マゴ国立公園	72
マシャッダ	151
マダバ	133
マトマタ	93
マナハ	160
マムルーク時代	141
マムルーク朝	97・125
麻薬	161
マラケシ	74
マリ王国	26
マリ共和国	6
マリーン朝	79
マルマラ海	113
マンゴーの樹	30
マンサ=ムーサ	26

み

水汲み	11・26・80
水タバコ	129
ミナレット（尖塔）	77・97・110

む

ムスリム（イスラーム教徒）	13・14・27・129・144・151
ムハンマド=アリー	97
ムハンマド=アリーモスク	97
ムラービト朝	74
ムルシの人々	72
ムワッヒド朝	74

め

メソポタミア	118
メッカ巡礼	26
メディナ（旧市街）	74・76・87・127・129・141・148・150
メネリクⅠ世	52

め

- メネリクⅡ世……………………………………54
- メフメトⅡ世…………………………………112
- メンカウラー王…………………………………98
- 綿布………………………………………………60
- メンフィス………………………………98・103

も

- モカッタムの丘…………………………………98
- 木曜マーケット…………………………………64
- モザイク………………………………………133
- モスク……………6・77・90・97・110・127・143・168
- モーゼ……………………………………108・133
- モパニ……………………………………………49
- モプティ……………………………………17・20
- モロッコ王国……………………………………74
- モンゴル軍……………………………………123

や

- やぎ……………………………………………155
- 野生動物…………………………………………44

ゆ

- 遊牧………………………………………………48
- 遊牧民…………………………………49・70・121・130
- ユネスコ………………………………………107

よ

- 要塞の村………………………………………158
- ヨルダン川……………………………………133
- ヨルダン・ハシミテ王国……………………130

ら

- らくだ…………………………………………155
- ラメセスⅡ世……………………………103・107
- ラリベラ王………………………………………52
- ラリベラの聖ギオルギス教会…………………52

り

- 理髪店……………………………………………12
- リュシマコス…………………………………114

る

- ルクソール……………………………………103
- ルクソール神殿………………………………103

れ

- 礼拝………………………………………………14
- レバノン共和国………………………………138
- レバノン山脈…………………………………145

ろ

- ロックパレス…………………………………158
- 露天商……………………………………………12
- ローマ遺跡………………………………………89
- ローマ軍……………………………………84・120
- ローマ劇場………………………………124・137
- ローマ皇帝………………………………110・120
- ローマ時代………………………………84・142
- ローマ人…………………………………124・137
- ローマ水道………………………………………90
- ローマ帝国……………………………110・130・137
- ローマ都市………………………………137・138
- ローマ様式……………………………………140

わ

- ワジ（かれ川）………………………40・158・173
- ワジ・ダハール………………………………158
- ワジ・ラム……………………………………134
- ワット……………………………………………64

齊藤　隆（さいとう　たかし）

1937年　5月　　埼玉県に生まれる
1960年　3月　　東京学芸大学卒業
　　同年　4月　　株式会社帝国書院入社
1973年　7月　　同社編集部長就任
1990年10月　　同社代表取締役常務就任
1995年　3月　　同社代表取締役社長就任
1997年　5月　　同社定年退職

写真に見る
アフリカ・西アジアの風俗文化

2008年2月15日　印刷　　　　　　　　　　　　　　定価　本体4,400円（税別）
2008年3月 1日　発行

写真・解説　齊藤　隆
発行者　株式会社　帝国書院　　〒101-0051　東京都千代田区神田神保町3-29
　　　　代表者　守屋美佐雄
製版　株式会社　プロスト
印刷　新村印刷　株式会社

発行所　株式会社　帝国書院　　　　　　　電話　03（3262）0830（販売部）
　　　　　　　　　　　　　　　　　　　　　　　03（3262）9038（開発部）

URL http://www.teikokushoin.co.jp/　　　　　乱丁，落丁がありましたら，お取り替えいたします。
ISBN978-4-8071-5782-2 C0025